석박사와 에너지사 초서
초록나라에서 온 편지

한국에너지기술연구원 지음

이콘

__책을 내며

지금 이 책을 읽는 아이들이 살아가야 할 미래는 어떤 모습일까요? 봄, 여름, 가을, 겨울이라는 계절이 여전히 존재할지, 지금처럼 에너지를 풍요롭게 누리며 살 수 있을지……. 에너지 자원을 확보하기 위한 치열한 전쟁터에 아이들이 내몰리진 않을지 걱정이 앞섭니다.

저를 비롯한 어른 세대는 지금껏 앞만 보고 내달려 왔습니다. '한강의 기적'이라 불리는 경제발전을 위해 인류에게 한시적으로 주어진 석탄, 석유 등 에너지 자원을 그 어떤 나라보다 왕성하게 소비하며 현재의 대한민국을 이루었습니다.

발전이라는 명목으로 에너지 자원을 탐해 왔던 세대이기에, 수입되는 석유 일 배럴 가격에 왁자지껄 웃고 또 한숨 짓던 세대이기에, 우리 아이들이 살아갈 미래에 대한 책임이 더욱더 무겁게만 느껴집니다.

과거 세대가 겪었던 어리석음을 되풀이하지 않기 위해, 에너지 자원이 없는 서러움을 더 이상 물려주지 않기 위해 희망을 품고 더 나은 미래로 나아가고자 합니다.

　지금이라도 아이들 가슴 속 하나하나에 초록 새싹을 움트게 하려고 합니다. 시원한 바람과 따뜻한 태양, 초록 기술로 가득 찬 행복한 미래를 보여 주고 싶습니다.

　우리 미래를 열어갈 아이들이 에너지 기술이 왜 필요한지 고민하고 초록빛 미래를 즐겁게 상상하기를 바라며 이 책을 기획하였습니다.

　부디 어른이 되어서도 초록 나라에서 보내온 편지를 잊지 않기 바랍니다.

한국에너지기술연구원장 한문희

한 문 희

_배경 소개

여기는 에너지 나라의 에너지 학교.

이곳엔 평생 에너지 연구에 몸 바쳐 온 석박사(석탄, 석유 에너지)가 살고 있다. 안타깝게도 석박사는 앞으로 살 날이 몇십 년밖에 남지 않았다. 수명이 다하기 전에 지구의 미래를 책임질 제자들을 훌륭한 신재생에너지로 키우기 위해 온갖 노력을 다한다.

그리고 석박사와 함께 신재생에너지에 대해서 공부하는 에너지 사총사가 있다. 온샘이(물), 열로치(불), 파라미(바람), 빛수리(빛)가 바로 그들이다.

사총사는 비밀 업무도 함께 수행하고 있다. 바로 자연의 동물과 식물 친구들이 위험에 처했을 때 언제든 달려가 도와 주는 일이다.

어느 날, 북극에 사는 아기 곰이 엄마 곰을 잃어버렸다며 연락을 해온다. 지구 온난화로 인해 얼음으로 둘러싸인 아기 곰의 집이 녹아버린 것이다.

사총사는 곧바로 출동하여 아기 곰과 함께 엄마 곰을 찾아 나선다. 그들은 에너지를 마구 낭비하는 까만 나라와 에너지를 소중히 여기는 초록 나라에 들러 파란만장한 모험을 하게 된다.

__주인공 소개

에너지 공부에 가장 열심인 **온샘이**는 사총사의 대표이자 연락망이다. 자연 친구들이 사총사를 부르면 온샘이의 머리에서 뽀글뽀글 거품이 난다. 또한 언제든지 물을 뿜어낼 수 있는 능력을 가지고 있다. 항상 냉정하고 맞는 말만 하는 칼 같은 성격이다.

사총사의 행동대장인 **열로치**는 덜렁대긴 하지만 불의를 보면 참지 못하며 정도 많고 눈물도 많다. 흥분하면 입에서 뜨거운 불꽃을 뿜어낸다.

파라미는 개구쟁이지만 친구들을 배려하는 마음이 깊다. 튼튼하고 빠른 발을 가지고 있어서 친구들을 등에 태우고 어디든 달려갈 수 있다. 바람을 만나면 몸집이 커지고 하늘을 날 수도 있다.

빛수리는 눈이 좋아서 멀리까지 볼 수 있으며 한꺼번에 강한 빛을 모아 퍼뜨릴 수 있는 능력이 있다. 세상에서 가장 귀중한 것은 생명이라고 생각한다.

이렇게 개성 강한 네 명이 모여 신재생에너지 사총사가 탄생하였다. 오늘도 사총사는 에너지를 만드는 기술을 하나씩 성공시켜가며 신재생에너지를 세계에 전파하기 위해 살고 있다.

차례

자연을 수호하는 에너지 사총사   11

에너지 학교의 하루   26

엄마 잃은 애기 곰   34

변해 버린 북극 풍경   42

까만 나라 까만 마음   48

초록 나라 초록 마음   59

69	초록 나라에 희망을 선물하다
80	봉이 할아버지의 북극 일기
94	엄마 곰 구출 대작전
114	전쟁을 준비하는 까만나라
119	초록 나라에서 온 편지
130	까만나라에 찾아온 재앙
140	신재생에너지가 되찾아 준 평화

자연을 수호하는 에너지 사총사

뽁- 뽁- 뽁뽁- 뽀글뽀글- 뽀글글글-

온샘이의 머리에서 거품이 나고 있다. 자연 친구들 중 누군가가 사총사에게 도움을 요청한 것이다. 잠을 자고 있던 온샘이는 깜짝 놀라서 벌떡 일어났다. 그리고 그길로 친구들에게 달려갔다.

"애들아, 큰일 났어! 얼른 일어나 봐!"

잠이 덜 깬 열로치와 파라미는 졸린 눈을 비비며 온샘이를 쳐다보았다.

"아응, 한창 맛있게 잔뜩 먹는 꿈을 꾸고 있었는데! 왜 깨우고 그래애~."

"음냐…… 무슨 일이야? 석박사님이 아침부터 또 우릴 부르신 거야?"

그러나 일찍 일어나 에너지 신문을 읽고 있던 빛수리는 다급한 온샘이의 표정을 보고는 뭔가 문제가 생겼다는 것을 눈치 챘다.

"혹시 자연 친구들에게 무슨 일이 일어난 거야?"

"그래, 빛수리 말이 맞아! 지금 이렇게 꾸물거릴 때가 아니야. 숲속 나라에 산불이 났대!"

열로치와 파라미는 그제야 자리에서 벌떡 일어났다.

"그게 정말이야?"

"그럼 지금 당장 출동을 해야겠는걸!"

파라미는 재빨리 친구들을 등에 태웠다. 숲속 나라는 사총사가 살고 있는 에너지 나라와 가까운 곳이었다. 막 출발하려는데 갑자기 온샘이가 외쳤다.

"잠깐! 열로치, 너는 가지 않는 게 좋겠어."

열로치는 흠칫 놀랐다.

"응? 왜?"

"넌 흥분하거나 화가 나면 불을 뿜곤 하잖니. 불이 난 곳에 갔다가 너로 인해 불길이 더 커지면 큰일이잖아."

열로치는 그제야 온샘이의 말뜻을 알아채고 얼른 파라미의 등에서 내려왔다.

"아, 그렇지. 난 이번에 가지 않는 게 낫겠다. 그럼 나는 박사님에게 달려가서 이 사실을 알릴게."

그러고는 햇빛만 있으면 충전이 되어 에너지를 낼 수 있는 태양광 전화기를 빛수리에게 건네주었다.

"무슨 일이 생기면 박사님께 도움을 요청해야 할 테니까 이 태양광 전화기를 가져가."

"그게 좋겠다. 그럼 출발한다. 무사히 잘 다녀올게!"

열로치는 재빨리 석박사에게 달려갔다.

"박사님! 큰일 났어요! 숲속 나라에 산불이 났어요. 이걸 어쩌면 좋죠?"

열로치는 심장이 너무 콩닥거려서 석박사에게 말을 전하다가 작은 불꽃을 뿜기까지 했다.

"앗, 뜨거! 진정하렴, 열로치. 내 옷깃이 탈 뻔했잖니.

다른 친구들은 곧장 숲속 나라로 출동한 거니?"

"네, 박사님. 저는 불길이 더 커질까 봐 가지 않았어요. 하지만 걱정이 돼서 가만히 앉아 있을 수가 없어요."

"너무 걱정하지 마라. 온샘이가 갔으니 아마 급한 불은 끌 수 있을 거야."

"하지만 나무 친구들이 다 타 버렸을 텐데……."

열로치는 울먹이며 말했다.

지난여름 사총사는 다 함께 숲속 나라에 소풍을 간 적이 있었다. 그 때 숲 속의 나무 친구들이 앞 다투어 그늘을 만들어 주었던 기억이 떠올라 열로치는 그만 마음이 무거워졌던 것이다.

"나무 친구들 덕분에 시원하게 놀 수 있었는데……."

"울지 마라, 열로치. 괜찮을 거다. 자, 조금 있다가 태양광 전화기로 온샘이에게 전화를 걸어 보자. 전화기에 카메라가 달려 있으니 여기서도 화면으로 숲속 나라의 상황을 확인해 볼 수 있을 거야."

숲속 나라는 공기가 맑고 푸르른 나무가 우거져 있는 아름다운 곳이다. 그래서 모든 동물들의 낙원이라 불릴 정도였다. 온샘이와 빛수리를 태운 파라미는 마음이 급해서 평소보다 더 빠르게 날아가고 있었다.

'아름다운 숲속 나라에 불이 났다니! 도저히 믿을 수가 없어.'

드디어 숲속 나라가 보였다.

"빛수리, 어디서 불이 나고 있는지 잘 봐!"

빛수리는 눈이 아주 좋아서 멀리까지 볼 수 있는 능력을 가지고 있었다. 빛수리가 커다란 눈을 번쩍이며 주변을 살폈다.

"앗, 불이 난 곳은 바로 아침 숲이야! 숲속 나라에서 나무 친구들이 가장 많이 살고 있는 곳인데. 큰일이군."

빛수리의 말대로 정말 아침 숲에서 불길이 활활 치솟고 있었다. 가까이 다가가자 뜨거운 기운이 훅 하고 느껴졌다. 온샘이는 불을 끄기 위해 몸 속에 머금은 물을 내뿜기 시작했다.

"푸우우- 푸우우우우-"

온샘이가 뿜어낸 물은 아침 숲 곳곳에 뿌려졌다. 그러나 한번 일어난 불길은 쉽사리 수그러들지 않았다.

"먼저 숲 속 동물들을 대피시키자."

온샘이가 열심히 물을 뿌리는 동안 빛수리와 파라미는 두려움에 떨고 있을 동물들을 구하기 위해 길을 나섰다.

"연기가 너무 많이 나서 앞이 잘 보이지 않는걸. 부탁해, 빛수리."

빛수리가 숲을 향해 빛을 비추자 시커먼 연기 사이로 희미하게 무언가가 보였다. 나무 꼭대기에서 꼭 끌어안은 채 벌벌 떨고 있는 다람쥐 친구들이었다.

"애들아, 이리 와! 파라미의 등에 올라타라구. 어서!"

"고마워, 정말 고마워. 우린 정말 꼼짝없이 불에 타는 줄 알았어."

그리고 조금 더 들어가니 아직 불길이 번지지 않은 곳에 노루 아줌마, 산양 할아버지 그리고 아기 토끼가 새싹 언덕을 향해 울면서 달려가고 있었다.

"자, 여기 타세요. 안전한 곳으로 모셔다 드릴게요."

"엉엉, 고마워. 조금만 늦었으면 우리도 저 불길에 휩싸일 뻔했어."

빛수리는 숲 속의 모든 동물들을 파라미의 등에 태웠다. 그러는 사이 온샘이는 몸에 지닌 모든 물을 숲 속으로 쏟아냈다. 덕분에 불길은 잦아들어 갔지만 나무 친구들은 이미 곳곳에 커다란 상처를 입었다.

불이 모두 꺼지자 온샘이와 빛수리는 석박사에게 전화를 했다. 태양광 전화기의 화면을 통해 부상을 당한 나무 친구들을 보자 열로치의 눈에서는 눈물이 흘렀다.

"버드나무 아저씨, 아카시아 아줌마, 괜찮으세요? 대답 좀 해 보세요. 네? 흑흑."

아카시아 아줌마는 열로치가 걱정할까 봐 까맣게 타 버린 머리카락을 숨기며 말했다.

"콜록. 우린 괜찮단다, 열로치. 다행히도 온샘이가 불을 빨리 꺼 주었어. 콜록콜록."

버드나무 아저씨는 슬픈 목소리로 말했다.

"하지만 아무래도 이 상태로 이곳 아침 숲에 사는 것은 무리인 것 같아."

열로치는 너무 슬프고 화가 나서 또다시 불꽃을 뿜어냈다. 그러나 이미 일어난 일을 되돌릴 수는 없었다. 열로치가 석박사에게 물었다.

"도대체 누가 불을 낸 거죠? 어떻게 이렇게 아름다운 아침 숲을 순식간에 망쳐 버릴 수가 있어요?"

"흠, 저 아래 타다 남은 쓰레기를 보니 이기적인 인간들의 짓인 것 같구나."

"인간들이요?"

"그래, 자연을 사랑할 줄 모르는 인간들 말이다. 숲에 놀러 와서 고기를 구워 먹지를 않나, 담배를 피우고 꽁초를 아무 데나 버리지를 않나. 그렇게 부주의한 행동 하나가 소중한 숲 전체를 망칠 수 있다는 것을 모르는 거지."

"너무해! 숲과 나무가 사라지면 산소를 생산할 수 없게 되고 그러면 인간들도 숨을 쉴 수 없는 거잖아요."

"그렇지. 산을 보존하고 사랑하는 착한 사람들이 있는 반면에 쓰레기를 아무 데나 버리고 함부로 나무를 꺾어 버리는 나쁜 인간들도 있단다."

사총사는 아름다운 아침 숲을 파괴해 버린 사람들이 너무 원망스러웠다. 열로치는 석박사에게 사정을 했다.

"박사님, 나무 친구들은 저대로 버려지는 건가요? 불쌍한 친구들을 살려주세요. 네?"

"이미 불에 타 버린 나무는 어쩔 수가 없단다, 열로치.

하지만, 마지막 가는 길에 세상에 도움이 되도록 도와줄 수는 있다."

"박사님, 무슨 좋은 방법이 있나요?"

"우리 수업시간에 말이야, 나무나 풀 혹은 쓰레기 등을 이용한 바이오 에너지에 대해 공부한 적 있지?"

석박사의 말에 사총사는 눈이 동그래졌다.

"바이오 에너지요?"

"아까 말한 생물들은 공기가 없는 곳에서 썩으면 가스가 발생하게 되지. 그러면 우리는 그 가스를 뽑아내서 요리를 하거나 난방을 할 수 있는 에너지를 만들 수 있단다."

"우와, 정말 대단한데요? 나무 자체가 에너지로 변할 수 있다니요!"

"그뿐 아니라 그러한 생물들에게서 기름을 뽑아내 액체 연료로 바꿀 수도 있단다."

"이야, 박사님은 역시 우릴 실망시키지 않아요!"

열로치는 감격한 나머지 석박사를 덥석 끌어안았다. 나무 친구들도 석박사의 이야기를 듣고는 표정이 한결 밝아졌다.

"이렇게 상처 입은 우리도 무언가 의미 있는 일을 할 수 있다는 것이 정말 기뻐."

"이 숲을 떠나는 것은 무척 아쉽지만, 깨끗하고 오염 없는 신재생에너지로 다시 태어날 수 있다면 더 바랄 것이 없겠어!"

"그래, 우린 아직 쓸모 있는 존재야. 더 이상 슬퍼하지 말고 세상에 유용한 바이오 에너지로 새로 태어나는 거야!"

석박사는 나무 친구들의 새로운 삶을 위해 계속해서 힘써 줄 것을 약속했다.

그리고 사총사는 아침 숲을 떠나 새로운 보금자리를

마련해야 하는 동물 친구들에게 작은 선물을 하기로 했다. 그 선물은 바로 숲속 나라의 새싹 언덕에 공원을 만들어 주는 것이다. 물론 아침 숲처럼 넓고 멋지진 않겠지만, 다시 나무를 심고 가꿔 나가면 오랜 시간이 흐른 뒤에는 더 많은 동물들이 살게 될 것이다. 사총사와 동물 친구들은 그 공원을 아침 공원이라고 이름 붙였다. 아침 숲처럼 푸르고 평화로운 공원이 되길 바라는 마음으로. 새싹 언덕의 새싹들도 새로운 친구들을 맞을 생각에 웃음이 났다. 그렇게 숲속 나라의 아침 숲에는 새로운 희망이 조금씩 피어나고 있었다.

에너지 학교의 하루

두두두두, 두두두두두.

"좀 더! 조금 더 깊이!"

사총사의 이마에는 땀이 송골송골 맺혔다. 에너지 학교의 수업은 언제나 활기차다. 석박사와 사총사가 함께 운전하는 굴착기는 연신 시끄러운 소리를 내며 땅을 파고 있다.

"박사님! 일천 미터도 넘게 우물을 팠는데 더 파야 하나요?"

"힘을 내자 애들아! 이천 미터 정도까지 내려가면 에너지를 충분히 낼 수 있는 뜨거운 증기가 나올 거야."

 얼마 후, 발전기에 달린 온도계가 드디어 섭씨 일백 도를 가리켰다.

 "바로 여기야! 이제 이곳에 긴 파이프를 묻으면 되겠다. 그렇죠, 박사님?"

 온샘이가 눈을 반짝이며 물었다. 석박사는 그런 온샘이가 기특하다는 듯 웃으며 말했다.

 "맞단다. 그런 후엔 어떻게 해야 하지?"

 "그런 다음엔 이 뜨거운 증기를 기계로 보내서 에너지를 뽑아내면 되는 거구요."

 "그래, 온샘이 말대로 이곳에서 에너지를 채취하자꾸나. 이 뜨거운 열을 이용해서 전기를 만들 수 있는 거야. 빛수리, 이 주변에 위험한 물질들이 없는지 잘 살펴보렴."

 빛수리는 땅속을 향해 불빛을 비추었다. 그리고 뛰어난

시력을 이용해서 땅속의 이곳저곳을 살펴보았다. 땅에서 열을 채취하여 에너지로 바꿀 때는 나쁜 공기가 함께 빠져 나올 수 있기 때문에 조심해야 한다.

"박사님, 괜찮겠어요. 너무 많은 양을 빼내지 않는다면 말이에요. 나중에 대량으로 에너지를 만들 때는 이것들을 걸러내는 장치를 마련해야 해요."

"그래, 아직 좀 더 연구가 필요하겠어. 많은 사람들이 사용하려면 이 정도로는 부족해."

새까만 얼굴의 석박사는 예리한 두 눈을 반짝이며 말했다.

"그런데 박사님, 땅속에는 뜨거운 증기 말고 지하수도 있지 않나요? 그걸 이용해서 전기를 만들 수는 없나요?"

호기심 많은 열로치가 물었다.

"좋은 질문이구나. 물론 가능하단다. 우물에서 증기가 발생하면 그대로 기계에 보내면 되고, 뜨거운 물이 나올 경우에는 먼저 증발시킨 후에 그 열을 보내면 되는 거지."

에너지 사총사는 감탄했다. 석박사와 오랫동안 공부를 했지만 신재생에너지를 하나씩 배워 나갈수록 신기한 것들투성이였다. 사총사는 석박사를 존경스러운 눈길로 바라보았다.

"박사님, 대단해요!"

"뭘 이런 걸 가지고……. 에너지 박사라면 이 정도야 기본이지. 으흠!"

석박사는 기분이 좋을 때 '으흠!' 하는 헛기침 소리를 내는 버릇이 있었다.

"그렇다면 얘들아, 이 지열 발전을 하기에 가장 적합한 지역은 어떤 곳일까?"

우등생 온샘이는 골똘히 생각한 후 입을 열었다.

"음…… 아무래도 땅속의 온도가 높아야 하니까 화산 지대가 많은 곳이 좋지 않을까요?"

"그래, 역시 온샘이구나. 맞았어. 지열 발전은 현재 화산이 많은 나라에서 이용하고 있단다. 아직은 그리 널리 퍼지진 않았지만 점점 발전하고 있어서 앞으로는 더 많이 이용하게 될 거야."

 사총사는 뿌듯했다. 아직은 갈 길이 멀었지만 석탄과 석유 없이도 깨끗한 에너지를 마음껏 사용할 날이 멀지 않았다는 느낌이 들었다.

 드디어 기계를 통해서 뜨거운 증기가 흐르고, 전기를 측정하는 계기판의 숫자가 점점 올라가기 시작했다. 스스로의 힘으로 에너지를 만들어낸 것이다. 감성이 풍부한 열로치가 감격하여 거의 눈물을 흘릴 뻔한 진지한 그 순간에, 개구쟁이 파라미가 외쳤다.

 "박사님, 배고파요! 오늘 수업은 여기까지 해요."

 그러자 온샘이는 '수업은 끝까지 마쳐야지!' 하는 눈짓을 찡긋 보낸다. 옆에서 눈치만 보고 있던 빛수리도 파라미의 말에 맞장구를 친다.

 "사실은 저도 아까부터 배에서 꼬르륵 소리가 나요, 박사님."

 "그래? 벌써 시간이 이렇게 됐구나. 너희 네 명 모두 수고 많았다. 그럼 우리 오늘은 지열 발전기가 만들어 준

전기로 저녁을 지어 먹을까?"

"좋아요! 그럼 제가 준비할게요."

파라미는 말을 마치자마자 쌩- 하고 사라져 버렸다.

"허허, 녀석들. 배가 많이 고팠구나. 온샘이야, 아쉽지만 나머지 수업은 내일로 미뤄야겠구나."

"네, 박사님. 저도 오늘 자기 전에 어떻게 하면 적은 노력으로 더 큰 에너지를 얻을 수 있는지 곰곰이 생각해 볼게요."

저녁을 먹으러 달려가는 사총사의 뒷모습을 바라보며 석박사는 혼잣말을 중얼거렸다.

"기특한 녀석들. 새로운 에너지를 만드는 일에 정말 열심이란 말이야. 내 수명이 다 하기 전까지는 꼭 오염 없는 신재생에너

지를 생산해 내야 할 텐데…….''
 사실 석박사는 앞으로 살 날이 얼마 남지 않았다. 그래서 죽기 전에 지구의 미래를 책임질 사총사를 훌륭한 신재생에너지 박사로 키우기 위해 온 힘을 다하는 것이다. 석박사는 사총사가 열심히 신재생에너지를 개발해서 지구의 미래를 책임질 거라 기대하며 하루하루를 보내고 있다.

엄마 잃은 아기 곰

다음 날 아침, 태양광 에너지 수업이 한창인데 온샘이의 머리에서 또다시 거품이 나기 시작했다.

"앗, 누군가가 도움을 요청하고 있어요!"

열로치, 파라미, 빛수리, 그리고 석박사의 시선이 모두 온샘이에게로 집중됐다.

"이번엔 또 무슨 일이야? 누가 우릴 부른 거야?"

"잠깐만, 아주 먼 곳 같은데. 음, 북극이야! 북극에서 신호가 오고 있어! 파라미, 준비됐어? 지금 바로 출발하자!"

"나야 언제든 준비 완료지. 자, 모두 내 등에 타라고! 박사님, 다녀오겠습니다!"

"그래, 애들아. 나는 남아서 신재생에너지 연구를 계속할 테니, 부디 몸조심해서 다녀오렴."

"네, 박사님. 걱정 마세요. 급한 일이 생기면 태양광 전화를 이용할게요."

사총사는 파라미 덕택에 금방 북극에 도착했지만 주위를 둘러봐도 하얀 얼음과 바다 외에는 아무것도 보이지 않았다. 온샘이는 다급한 목소리로 말했다.

"누가 신호를 보낸 거지? 빛수리! 주위를 살펴봐."

"그래 알았어. 앗! 저기 바다 위에 하얀 털을 가진 무언가가 헤엄쳐 오고 있어."

사총사가 가까이 다가가 보니 그 하얀 털 뭉치는 바로 아기 곰이었다. 아기 곰은 안절부절못하며 작은 얼음 덩어리 위에 앉았다. 그리고 사총사를 보자마자 울음을 터뜨렸다.

"우리 엄마 좀 찾아 줘. 엄마가 없어졌어."

사총사는 깜짝 놀라 물었다.

"아기 곰아, 엄마를 어디서 잃어버린 거야? 응?"

"모르겠어. 얼음 위에 있던 우리 집도 없어지고 엄마도 없어졌어. 난 이제 어떡하면 좋지? 엉엉."

아기 곰은 울기만 했다. 열로치는 금방이라도 눈물이 날 것 같았다.

"아기 곰아, 우리가 꼭 엄마를 찾아 줄 테니까 걱정하지 마. 이제 그만 울고 어떻게 된 건지 얘기 좀 해 봐."

사총사는 먼저 아기 곰을 진정시켰다. 한참 후에 울음을 그친 아기 곰은 그제야 이야기를 시작했다.

아기 곰의 아빠는 오래전 아기 곰이 태어나자마자 북극에 침입한 사냥꾼에게 목숨을 잃었다고 한다. 그래서 아기 곰과 엄마 곰은 단둘이 커다란 얼음 위에서 살았는데 얼마 전부터 집이 조금씩 작아지는 것을 느꼈다고 했다. 최근 몇 달 동안은 자주 이사를 다닐 수밖에 없었는데 어느 날 학교에서 돌아와 보니 집도 엄마 곰도 모두 사라졌다는 것이다. 아기 곰은 두려움에 휩싸여 작은 몸을 바들바들 떨고 있었다.

"엄마가 영영 돌아오지 않을까 봐, 너무 무서워."

그 시각 엄마 곰은 바다를 헤매고 있었다. 아기 곰이 학교에 간 사이 엄마 곰은 아기 곰을 위해 먹이를 구하러 나왔던 것이다.

"우리 아가가 학교에서 돌아오면 배가 고플 텐데. 얼른 물고기를 잡아 돌아가야겠다."

그러나 요즘 들어 먹이를 구하는 일이 부쩍 어려워졌다. 지구가 더워지면서 북극의 생물들이 사라져 갔기 때문이다. 엄마 곰은 한참을 헤엄쳐 다녔다.

"이렇게 사냥하기가 힘들어서야 원. 오늘도 허탕인가."

오래 수영을 했던 탓에 피곤한 엄마 곰은 잠깐 쉬었다 가기로 했다. 그런데 주위를 아무리 둘러봐도 얼음 한 조각 보이지 않았다. 엄마 곰은 당황하기 시작했다. 주위가 온통 바닷물뿐이어서 왔던 길이 어디인지조차 알 수가 없었다.

"우리 아가가 집에 올 시간인데. 이거 큰일인걸."

엄마 곰은 급한 마음에 마구 헤엄을 쳤다.

"이쪽 길이었던 것 같은데……. 도저히 알 수가 없네."

엄마 곰이 헤엄쳐 가는 곳은 집과는 정반대 쪽이었다. 그렇게 엄마 곰은 아기 곰이 기다리는 집으로 돌아가야 한다는 생각 하나로 열심히 헤엄쳐 가고 있었다.

그런 사실을 까맣게 모르는 사총사는 아기 곰을 데리고 여행을 시작하기로 했다. 엄마 곰을 찾을 때까지 언제까지든 계속될 여행이었다. 먼저 아기 곰의 집 주변을 중심으로 북극 전체를 샅샅이 살펴보기로 했다. 북극이 워낙 넓기 때문에 아기 곰 혼자의 힘으로는 무리였다.

열로치가 걱정스런 표정으로 물었다.

"만약 북극의 바다를 다 뒤졌는데 엄마 곰을 못 찾으면 어떡하지?"

그러자 온샘이가 결의에 찬 목소리로 대답했다.

"걱정 마. 그렇게 되면 우린 북극과 가까운 바다를 다 돌아다닐 거야. 엄마 곰에게 무슨 일이 생겼는지는 알 수 없지만, 어쨌든 살아 있다면 바다 가까운 곳에 있을 테니까 말이야."

빛수리가 주변을 살피며 앞장섰다. 열로치는 혹시 있을지 모르는 위험한 상황에 대비해 뜨거운 불꽃이 잘 나오는지 시험을 해 보았다. 그리고 파라미는 먼 여정을 대비하여 신발 끈을 단단히 묶은 후 준비 운동을 했다. 온샘이가 사총사의 상태를 모두 확인한 후 말했다.

"자, 모두 준비됐지? 북극은 얼음산이 많으니까 사이사이를 잘 살펴봐야 해. 엄마 곰의 털이 하얀색이라 쉽사리 눈에 띄지 않을거야. 그러니 우리 모두 두 눈을 크게 뜨자!"

변해 버린 북극 풍경

에너지 사총사와 아기 곰은 먼저 북극을 모두 살펴보기로 했다. 온샘이의 지혜와 열로치의 불꽃, 그리고 파라미의 발과 빛수리의 시력을 이용하면 사총사는 하지 못할 일이 없었다.
그런데 북극의 풍경이 조금 이상했다.

사총사가 생각했던 북극은 사방이 모두 얼음으로만 뒤덮인 북극이었다. 그런데 오히려 빙하보다 바닷물이 더 많이 보였다. 그리고 상상했던 것보다 훨씬 덜 추웠다. 빛수리가 의아한 목소리로 말했다.

"이상하다, 어째서 이렇게 빙하가 적은 거지? 생각보다 바다가 너무 넓은데?"

아기 곰은 슬픈 표정으로 말했다.

"엄마 말로는 지구가 더워져서 그런 거래. 엄마 어렸을 적에는 여기저기 얼음 덩어리 천지여서 마음껏 뛰놀 수 있었대. 온갖 물고기들이 마구 헤엄쳐 다녔고."

아기 곰이 그쯤 말하자 사총사는 그 다음 말이 무엇인지 알 것 같았다. 책에서만 공부해 왔던 지구 온난화를 바로 눈앞에서 보게 된 것이었다. 아기 곰은 말을 이었다.

"그런데 어느 날부터인가 얼음이 녹기 시작한 거야. 날씨가 점점 따뜻해지니까 빙하도 조금씩 사라져 갔어. 북극에 사는 우리들에게 얼음은 땅이나 마찬가지인데 말이야. 땅이 사라지니까 우리 집도 작아지고 점점 우리 북극 생물들이 살 곳이 사라지고 있어."

아기 곰의 이야기를 듣고 열로치는 걱정스레 말했다.

"그랬구나, 나도 지구 온난화에 대해 얘기는 많이 들었지만 이렇게까지 심할 줄은 몰랐어. 북극에도 수많은 동물들이 살고 있을 텐데, 갑자기 기후와 환경이 변하고 있으니 모두들 적응하기 힘들겠다."

온샘이도 미간을 찌푸리며 말했다.

"응, 맞아. 이건 동물뿐만 아니라 인간에게도 큰 문제야. 지구의 온난화는 재앙이나 다름없어. 지구의 얼음과 눈은 태양열을 반사해서 대기권 밖으로 내보내는 역할을 하고 있거든. 그러니까 이것들이 없어지면 지구는 더 빨리 더워지게 돼. 태풍도 잦아지고 생태계가 변화하고 지구 전체가 위험해질 수 있어."

빛수리도 온샘이의 말을 거들었다.

"그리고 그렇게 커다란 빙하가 녹으면 그 물은 다 어디로 가겠니? 아마 여기저기서 홍수가 나고 해안에 있는 도시들은 모두 물에 잠기게 될 거야. 빙하가 다 녹은 후에는 모두 물 부족에 시달릴 거고. 이건 정말 심각한 문제야."

사총사는 북극을 둘러보며 한동안 말을 잇지 못했다. 말로만 듣던 지구 온난화가 너무 많이 진행되어 있어 죄책감마저 들었다. 또 한편으로는 무거운 책임감을 느꼈다.

지구가 더워지는 것은 인간들이 석탄과 석유 에너지를 지나치게 많이 사용했기 때문이다. 석탄과 석유는 인간에게 무척 유용하게 사용되어 왔지만 무분별하게 낭비하면 이산화탄소를 너무 많이 뿜어낸다. 그렇게 발생한 이산화탄소는 대기로 올라가 지구의 온도를 높이게 된다.

바로 이 지구 온난화를 막기 위해 석박사는 사총사에게 신재생에너지를 만드는 공부를 시키고 있는 것이었다. 석박사가 왜 그렇게 열심이었는지 몸소 깨닫게 된 사총사는 죄송한 마음이 들었다.

파라미가 먼저 이야기를 꺼냈다.

"난 석탄과 석유 에너지로 인한 지구 온난화가 이렇게 심각한 줄도 모르고 박사님에게 에너지 공부 하기 싫다고 매일 투정만 부렸어."

그러자 열로치도 한마디 거들었다.

"어차피 우리가 열심히 해 봤자 달라지는 것은 없을 거라고 생각하기도 했는데."

"이젠 생각이 바뀌었어. 오염 없고 무한한 신재생에너지 기술을 꼭 만들어내고야 말겠어!"

사총사는 그동안 석박사의 수업에 더 열심히 참여하지 못했던 것을 후회하면서 새롭게 다짐했다.

사총사는 아기 곰과 함께 며칠 동안이나 북극의 빙하를 찾아다녔지만 엄마 곰은 어디에서도 찾을 수가 없었다. 아기 곰은 이대로 영원히 엄마 곰을 만날 수 없을까 봐 두려웠다. 사총사 역시 엄마 곰을 꼭 찾아 주고 싶었기에 마음이 무거웠다. 열로치는 아기 곰을 꼭 안아 주며 말했다.

"아기 곰아, 우리를 믿어. 온 바다를 샅샅이 뒤져서라도 엄마를 찾아줄게. 엄마는 어딘가 꼭 살아 계실 거야."

아기 곰은 자신을 위해 애써 주는 사총사가 고마웠다.
"고마워 친구들아. 나도 힘을 낼게."
　사총사와 아기 곰은 다른 곳으로 발길을 옮겼다. 열로치의 말대로 엄마 곰이 있을 만한 곳은 다 찾아다니기로 했다. 빛수리는 지도를 펼치고는 바다가 있는 곳을 표시했다.
　"자, 먼저 가장 가까운 바다가 있는 곳으로 가 볼까?"

 일행이 맨 처음 도착한 곳은 에너지 교과서에 나쁜 나라로 등장할 만큼 악명 높은 까만 나라였다. 입구에 들어서자마자 더운 기운이 훅 느껴졌다. 그리고 어디선가 구린내까지 나는 듯했다. 사총사와 아기 곰은 코를 틀어막았다. 숨을 쉬기조차 곤란한 지경이었다. 하늘은 어두운 빛이고 거리엔 그 흔한 가로수조차 보이지 않았다.
 "아니, 지금은 한겨울인데 저렇게 반팔을 입고 돌아다니는 거야?"

빛수리는 깜짝 놀랐다.

사람들은 집집마다 보일러와 전기 히터를 가장 높은 온도로 틀어대면서 반팔을 입은 채 생활하고 있었다. 또 한낮인데도 모든 건물의 형광등이 환하게 켜져 있었다.

열로치가 흥분하며 입을 열었다.

"이 나라엔 절약이라는 단어를 모르는 사람들만 살고 있는 것 같아. 난 지금 숨이 턱턱 막힌다고. 게다가 이상한 냄새까지 나, 우웩."

파라미도 가슴이 답답해졌다.

"어떻게 에너지를 이렇게 낭비할 수가 있지? 이 사람들은 에너지가 유한하다는 것을 모르는 걸까?"

온샘이가 침착하게 거들었다.

"정말 정신 나간 나라군. 그래서 이곳의 온도가 높은 거야. 이렇게 전기를 펑펑 쓰고 석탄, 석유를 많이 때서 에너지를 낭비하면 이산화탄소가 지나치게 많이 배출돼."

온샘이는 아기 곰을 안타까운 눈빛으로 한번 쳐다보곤 말을 이었다.

"안됐지만 이 이산화탄소를 가장 많이 흡수하는 것은 바로 아기 곰이 살고 있는 바다야. 이대로 가다간 우리가 북극에서 보았던 것처럼 빙하가 다 녹게 돼. 대기의 온도가 일, 이 도만 올라가도 인간들에게 커다란 재앙이 찾아올 텐데. 왜 그걸 모르고 있는 거지?"

아기 곰은 온샘이의 얘기를 듣고 슬픔에 잠겼다. 화도 났지만, 무엇보다 두려웠다. 이곳의 사람들은 전혀 변할 기미가 보이지 않았기 때문이다. 이렇게 가다가는 몇십 년 후에 지구 전체가 물에 잠겨 버릴 것 같았다.

까만 나라의 바다는 멀지 않았다. 그러나 사총사와 아기 곰은 눈앞에 펼쳐진 까만 나라의 바다 풍경에 또다시 실망하고 말았다. 모래사장에는 쓰레기가 가득했고 바닷물은 어두운 빛을 띠고 있었다. 자연을 소중히 할 줄 모르는 까만 나라 사람들이 온갖 오염 물질을 바다로 흘려보냈기 때문이었다. 드디어 바다에 도착한 사총사와 아기 곰은 엄마 곰을 찾기 시작했다.

"빛수리, 주변 곳곳을 찾아봐."

"엄마! 엄마! 어디에 계세요? 엄마, 보고 싶어요. 흑흑."

아기 곰은 애타게 엄마 곰을 불렀지만 넓디넓은 바다에선 아무런 소리도 들리지 않았다. 사총사도 한마음이 되어 바다를 뒤졌지만 엄마 곰은 없었다. 다만 바다 한가운데에 유전을 찾기 위한 탐사기만이 마치 탱크처럼 자리하고 있을 뿐이었다. 파라미는 기가 막혔다.

"이 나라는 자연을 보존할 줄은 모르면서 석유와 석탄을 찾느라고 혈안이 되어 있구나."

온샘이가 대답했다.

"물론 저렇게 석유나 가스를 발굴하는 것이 나쁜 일은 아니야. 그렇지만 그것들을 아무리 많이 찾아낸다고 해도 언젠가는 바닥난다는 것이 문제지."

그러자 아기 곰이 물었다.

"온샘이야, 지구 상에 있는 석유와 석탄이 얼마 남지

않았다는 것이 사실이야? 그렇다면 앞으로 어떤 에너지를 사용해야 하는 거야?"

"중요한 것은 에너지 기술이야. 기술만 있으면 공기, 물, 불, 바람과 같이 무한한 자원을 에너지로 바꿀 수 있기 때문에 영구적인 자원을 얻게 되는 것과 마찬가지야."

빛수리도 거들었다.

"그래, 석박사님이 항상 말씀하셨듯이 바로 그것이 우리가 꼭 해내야 할 일이야."

몸에 열이 많은 열로치는 까만 나라의 후텁지근한 공기가 무척 견디기 힘들었다.

"이 나라에선 더 이상 엄마 곰을 찾아봐도 소용이 없겠어. 날씨는 너무 덥고 바닷물은 더러워서 북극곰이 살 수 있는 환경이 아니라고. 이것 봐, 아기 곰도 벌써 숨을 헐떡이고 있잖아."

파라미는 아쉬운 마음에 이곳저곳을 뛰어다녔다.

"그래도 조금 더 찾아보는 게 어때? 왠지 난 이곳에 엄마 곰이 있을 것 같은 예감이 드는데."

온샘이가 말했다.
"그럼 저쪽으로 가 볼까?"
까만 나라의 바다 옆에는 커다란 산이 있었다. 그런데 산의 색깔이 푸른빛이 아니었다. 이미 나무를 모두 베어내 누렇고 붉은 흙으로 뒤덮인 모습이었다.

쿵-. 쿵-.

어디선가 커다란 소리가 들려왔다.

"이건 또 무슨 소리지?"

모두 놀라서 소리가 나는 쪽으로 발걸음을 옮겼다. 그것은 바로 나무를 베는 소리였다. 집채만 한 나무들이 사정없이 쓰러지고 있었다. 사총사가 가까이 다가가자 나무들은 울상을 지으며 하소연하기에 바빴다.

가장 상처가 심해 보이는 오동나무는 한숨을 쉬며 말했다.

"내 얼굴 좀 봐. 여기 공기가 너무 더러워서 덕지덕지 여드름이 났어. 이 사람들은 우리를 모두 베어 버릴 참인가 봐."

그러자 어린 아카시아 나무도 한마디 했다.

"종이와 휴지를 마구 낭비하는 것도 모자라 이제 숲을 모두 없애 버리려 하고 있어. 이곳에 골프장을 짓는대."

가장 나이가 많은 소나무는 체념한 듯한 목소리로 말을 이었다.

"내 친구들은 벌써 오래전에 베어져서 뿌리밖에 남지 않았어. 이제 우리마저 모두 사라지면 돌이킬 수 없이 공기와 땅이 오염될 거야. 지구는 더 더워질 거고. 무슨 수를 써서라도 이들을 막아야 돼."

나무 친구들의 얘기는 사실이었다. 까만 나라가 위험에 빠져 있다는 것은 분명해 보였다. 사총사는 마음이 급해졌다.

파라미는 고민에 빠졌다.

"어떻게 하면 좋지? 이 나라 사람들에게 에너지의 소중함을 하루 빨리 일깨워야 할 텐데."

열로치가 조심스레 말했다.

"음, 아기 곰의 사연을 들려줄까? 반성하는 기회를 만들어 주는 거야."

빛수리는 순진한 소리 하지 말라는 듯 입 꼬리를 올리며 말했다.

"흥, 이 사람들이 눈 하나 깜짝할 것 같아? 에너지를 소중히 여기지 않는다는 건 자연을 소중히 하지 않는 것과 똑같은 거야. 생명이 귀하다는 것을 아는 사람들이라면 이렇게 무분별한 생활을 하겠니?"

"그래, 지금으로선 뾰족한 방법이 없어. 일단 우리 아기 곰의 엄마를 찾아 준 후에 이곳에 꼭 다시 오자. 그 땐 뭔가 좋은 수가 생길지도 몰라."

온샘이는 일단 엄마 곰을 찾는 일에 열중하자고 제안했다. 아기 곰도 숨이 차올라 이 나라에 머무르는 것이 너무 힘들었다.

"엄마가 있는 곳은 여기가 아닌가 봐. 다른 나라로 가 보자."

초록 나라 초록 마음

    사총사와 아기 곰은 옆 나라인 초록 나라로 이동했다. 까만 나라와 달리 들어서자마자 푸르른 숲과 청명한 공기가 이들을 반겼다. 나무 친구들의 얼굴도 하나같이 밝아 보였다. 거리에는 자동차가 거의 보이지 않아서 매연을 뿜어낼 일이 없었고 사람들은 자전거를 타고 다녔다. 걷고 싶은 마음이 저절로 드는 거리였다. 사총사와 아기 곰은 감탄사를 연발했다.

"이야, 정말 대단한걸. 이곳 사람들은 모두 진심으로 자연을 아끼고 에너지를 절약하고 있어."

"어쩜 이렇게 옆 나라와 다를 수 있지?"

'정말 좋은 나라구나. 에너지를 아껴 쓰는 덕분에 산도 물도 모두 깨끗해. 우리 엄마도 이런 곳에 계셨으면 좋겠는데······.'

아기 곰은 생각했다.

사총사와 아기 곰은 강을 따라서 바다로 향했다. 바닷물도 역시 깨끗했다. 이곳 초록 나라도 까만 나라와 마찬가지로 바다 한가운데에 커다란 섬처럼 생긴 발전소가 세워져 있었다.

"저건 뭐지? 석박사님께 배웠던 것 같은데 잘 기억이 안 나네. 에너지 백과사전 온샘이님, 저 커다란 것이 뭔지 대답해 주실 수 있나요?"

열로치의 장난스러운 질문에 온샘이는 진지한 목소리로 대답했다.

"저건 조력 발전기라고 해. 조수간만, 즉 밀물과 썰물의 차를 이용한 수력 발전이지. 바닷물이 들어오고 나가는 힘을 이용해서 운동 에너지를 만들고, 또 그것을 전기 에너지로 전환해서 쓰는 장치야."

"이야, 그럼 환경이 오염될 일은 없겠네?"

"그래, 열로치. 이것도 우리가 공부해야 할 신재생에너지야. 하지만 이 조력 발전기는 조수간만의 차가 큰 곳에만 설치할 수 있고, 또 비용이 많이 들기 때문에 우리가 더 연구를 해야 해. 그리고 이 발전소를 설치할 때는 갯벌을 파괴하지 않도록 조심하지 않으면 안 돼. 다행히 이곳은 초록 나라답게 발전소를 설치하면서도 생물들이 자유롭게 오갈 수 있게 따로 통로를 만들었네. 잘못하다가 생태계가 파괴되면 큰일이잖아."

"그렇구나. 하지만 이 조력 발전은 밀물과 썰물의 변화가 일정하지 않으면 발전이 어렵겠는걸."

"맞아, 입지 조건도 까다롭고 비용도 비싸기 때문에 아무 곳에나 설치할 수는 없지."

"역시 에너지를 생산하는 일은 쉬운 일이 아니구나. 자연을 지키는 일도 마찬가지고. 우리 이제 발전소 구경은 그만 하고 엄마 곰부터 찾아보자."

그런데 그때 작은 여자 아이가 발전소를 바라보며 열심히 공책에 메모를 하고 있는 것이 보였다. 파라미가 아이에게 다가가 말을 건넸다.

"안녕, 우리는 신재생에너지를 만드는 에너지 사총사라고 해. 난 어디든 일 분 안에 달려갈 수 있는 빠른 발을

지닌 바람돌이~ 파라미야. 뭐, 내 자랑은 아니지만. 헤헤. 네 이름은 뭐니? 이곳에서 뭐 하고 있는 거야?"

"나는 태양 초등학교에 다니는 봄이라고 해. 에너지에 관해 공부하려고 발전소에 견학을 왔어. 그런데 우리 초록 나라엔 무슨 일로 온 거야?"

봄이의 말에 열로치가 대답했다.

"응, 우리는 아기 곰의 엄마를 찾아 주러 왔어. 북극곰은 바다에 살잖아. 그래서 우린 바다가 있는 나라라면 모두 돌아다녀 볼 참이야."

사총사는 봄이에게 지금까지 있었던 일을 빠짐없이 설명해 주었다.

"어머, 정말? 그 작고 여린 몸으로 이렇게 먼 곳까지 왔단 말이야? 아기 곰, 넌 정말 귀엽게 생겼구나. 추운 곳에서만 살았을 텐데 더워서 힘들지 않아?"

아기 곰은 착한 인상의 봄이가 마음에 들었다.

"안녕 봄아, 난 아기 곰이야. 사실은 나 지금 숨이 차. 아무리 한겨울이라고 해도 여긴 나에게 너무 덥거든. 하지만 엄마를 찾아야 하기 때문에 꾹 참고 있는 거야. 이 나라는 정말 아름답구나. 나도 북극곰이 아니라면 이런 곳에서 살고 싶을 정도야."

인사를 마치자 온샘이가 봄이에게 물었다.

"그런데 봄아, 이 나라는 정말 에너지를 소중히 여기는구나. 혹시 학교에서 에너지 교육을 따로 받기라도 하는 거니?"

"수업을 받진 않지만 어릴 때부터 부모님들이 하시는 것을 보고 배운 거야. 우리 초록 나라 사람들은 겨울엔 내복을 꼭 입어. 얼마나 따뜻하고 위생적인지 몰라. 내복을 입고 실내 온도를 삼 도만 낮추면 전체 난방 에너지의 이십 퍼센트를 절약할 수 있지. 돈으로 환산하면 어마어마한 경제적인 이득을 볼 수 있는 거래."

봄이의 말에 빛수리는 눈을 반짝이며 기뻐했다.

"그래? 이 나라는 정말 에너지 나라라고 불러도 되겠는 걸!"

그러자 봄이의 표정이 약간 어두워졌다.

"그런데 사실은 요즘 사정이 안 좋아. 옆 나라인 까만 나라에서 에너지를 하도 펑펑 쓰는 바람에 우리나라까지 에너지가 부족해졌어. 우리나라는 가지고 있는 에너지를 최대한 아껴서 사용해 왔지만 까만 나라에서는 벌써 두 번이나 전쟁을 일으켜 우리나라에 매장되어 있던 석유와 석탄, 가스까지 모두 빼앗아 갔어. 지금은 이 조력 발전소에서 생산하는 전기가 우리나라의 전부야."

열로치는 봄이의 말을 듣고 흥분했다.

"아니, 에너지를 빼앗아 가려고 전쟁까지 벌였단 말이야? 이런 나쁜 사람들 같으니라고!"

봄이가 말을 이었다.

"그래서 나는 새로운 에너지를 만드는 연구원이 되려고 마음을 먹었어. 우리나라, 아니 지구 전체의 사람들에게 깨끗하고 영구적인 에너지를 공급해 주고 싶어. 그러면 자연도 파괴되지 않을 거고 아기 곰처럼 슬픈 사연도 더 이상 생기지 않을 거야."

봄이의 따뜻하고 속 깊은 생각에 사총사와 아기 곰은

감동했다. 그러나 봄이의 표정은 어두워 보였다.

"우리 초록 나라 사람들은 너무 착해서 그저 우리가 에너지를 아껴 쓰면 된다고 생각해. 그렇지만 나는 까만 나라 사람들이 너무 미워. 자연을 사랑하며 착하게 살고 있는 우리를 왜 못살게 구는 거지?"

언제나 침착함을 잃지 않는 온샘이조차 이번만큼은 화가 나는 모양이었다.

"내가 언젠가는 꼭 까만 나라 사람들을 혼내 주고 말 거야!"

빛수리도 한마디 했다.

"난 말이야, 세상의 모든 가치 중에 가장 귀중한 것은 생명이라고 생각해. 동물과 식물, 그 모든 생태계의 구성원들을 아끼고 사랑하는 첫 단계가 바로 에너지를 낭비하지 않는 일이야. 신재생에너지 기술을 만들어내는 것이 그래서 중요한 거지. 그런데 그런 것도 모르고 에너지를 낭비하다 못해 도둑질까지 서슴지 않는 까만 나라 사람들. 정말 용서할 수 없어!"

봄이는 걱정스런 표정으로 말을 이어 갔다.

"응, 나도 같은 생각이야. 우리나라에선 에너지가 귀하다 보니 점점 비싸져서 큰일이야. 사실은 말야, 우리 집이 너무 가난해. 그래서 값비싼 전기세를 낼 돈이 없어서 밤에 불을 켜지 못하고 있어. 공부를 열심히 하고 싶어도 그럴 수가 없는 게 너무 속상해."

이야기를 들은 사총사는 봄이가 왜 에너지 공부를 열심히 하려고 하는지 조금은 알 것 같았다.

"그런 일이라면 우리가 도와줄 수 있어! 우리가 하는 일이 바로 에너지를 만드는 일이잖아. 아직은 많이 부족하지만 석박사님께 오랫동안 배워 왔다고. 우리 사총사의 경험과 지식을 총동원해서 봄이 너를 꼭 도와줄게! 걱정하지 마."

열로치가 말했다. 온샘이 역시 봄이의 안타까운 사연을 듣고 도와주고 싶은 마음이 들었다. 그러나 사총사에게는 시간이 그리 많지 않았다. 엄마 곰을 찾아야 했기 때문이다. 한참을 생각한 끝에 온샘이는 결론을 내렸다.

"그럼 이렇게 하자. 나와 파라미는 봄이네 마을로 가 볼게. 석박사님도 도와주실 거야. 열로치와 빛수리는 아기 곰과 함께 여기 남아서 계속 엄마 곰을 찾아 줘."

"그래, 그러면 되겠다. 아기 곰과 봄이를 동시에 도와줄 수 있는 일이잖아."

봄이를 위해 적극적으로 발 벗고 나서는 사총사의 모습을 보며 아기 곰의 마음도 기뻤다. 이렇게 좋은 일을 하다 보면 엄마도 금방 찾을 수 있을 것 같았다. 하루 빨리 엄마와 함께 살던 보금자리가 있는 북극으로 돌아가고 싶었지만, 아기 곰은 엄마를 찾을 때까지는 꾹 참고 울지 않기로 했다.

초록 나라에 희망을 선물하다

봄이네 집은 깊은 산속에 있었다. 이웃집도 몇 채 되지 않았다. 봄이는 학교를 한 시간 동안이나 걸어서 다닌다고 했다.

"그렇게 먼 거리를 어떻게 매일 걸어 다닌 거야? 정말 힘들었겠다."

"아냐, 그렇지 않아. 친구들과 함께 걸으면서 산과 들에게 인사하는 일이 얼마나 기쁜데. 자동차를 타고 다니는 것보다 에너지도 아낄 수 있고 말이야."

"봄이는 정말 착하구나. 그런데 이곳은 저녁에도 불을 켜지 않나 봐. 모두 어둡네."

"응. 우리나라에는 나와 비슷한 사정의 사람들이 많아. 예전에는 정말 풍요로운 나라였지만, 지금은 까만 나라 때문에 에너지가 많이 부족해. 그래서 밤만 되면 칠흑같이 깜깜해지는 거야."

"그랬구나. 우리 사총사의 도움이 꼭 필요하겠어."

다음날, 날이 밝자마자 온샘이는 석박사에게 태양광 전화기로 연락을 해서 봄이네 마을의 사정을 자세히 설명했다.

"박사님, 초록 나라는 바람이 많이 부는 편이에요. 그래서 말인데, 풍력 발전기를 설치하는 게 어떨까요? 바람은 무공해 에너지니까 환경오염 없이 전기를 만들 수 있잖아요."

석박사는 태양광 컴퓨터의 화면을 통해 초록 나라에 대한 여러 가지 기상 자료를 보여 주었다.

"너희들의 말이 맞아. 그렇지만 돈이 부족하기 때문에 대규모 풍력 발전을 하기는 힘들 거야. 조금만 달리 생각해 보자. 이곳은 해안가, 산악 지역, 골짜기 등 작은 풍력

발전기들을 활용할 수 있는 지역이 많아. 공사도 그리 오래 걸리지 않고 비용도 훨씬 저렴하니까 이 나라에 딱 맞는 발전소가 들어설 수 있을 것 같아."

"역시 박사님이셔!"

파라미가 감탄하자 석박사는 어깨를 으쓱해 보이며 말했다.

"으흠! 척척박사 석박사에겐 이 정도야 기본이지!"

온샘이도 석박사의 의견에 덧붙였다.

"풍력 발전소는 보기에도 좋아서 그 고장에 관광 수익도 가져다줄 수 있다는 걸 저도 책에서 읽은 것 같아요."

"역시 온샘이는 모르는 것이 없구나. 으흠!"

"박사님, 그럼 지금 당장 설치할게요!"

성미 급한 파라미가 말했다. 그러자 석박사는 조용히 파라미를 타일렀다.

"잘 들어 보렴. 이건 그렇게 간단한 문제가 아니란다. 발전소를 설치할 곳의 위치를 잘 파악하는 것이 중요해. 잘못하면 산을 깎아야 하는 사태가 벌어질 수도 있어. 그렇게 되면 오히려 생태계가 파괴된단다."

듣고만 있던 봄이도 한마디 했다.

"나는 에너지에 대해선 너희들만큼 잘 모르지만 말이야, 우리 자연 친구들을 아프게 하지 않는 방법을 택했으면 좋겠어. 죄 없는 친구들이 고통받는 모습은 정말 보고 싶지 않아."

"봄이의 말이 맞아. 이 나라에서 바람이 규칙적으로 많이 불면서도 최대한 자연을 훼손시키지 않는 곳을 찾아 보자."

온샘이는 말을 마치자마자 파라미와 함께 초록 나라 이 곳저곳을 둘러보며 풍력 발전소를 설치하기에 적당한 몇 곳을 발견했다.

"이곳이 좋겠어. 여긴 사계절 내내 바람이 많이 불고 주변에 나무도 거의 없어서 숲을 망쳐 버리는 일 따위는 없을 거야. 주변 경관을 해치지 않도록 효율적이고 아름다운 발전소를 건립해 보자."

한편 바다에 남은 빛수리와 열로치는 엄마 곰이 있을 만한 곳을 다 뒤져 보았다.

"여기도 아닌 것 같아."

"대체 어디에 계신 거지?"

아기 곰은 바다로 뛰어들었다. 바위도 살펴보고 바다 속 깊이 헤엄도 쳐 보았다. 빛수리도 아기 곰을 위해 최대한 환한 빛으로 바다 속을 밝혀 주었다. 그러나 여전히 엄마 곰은 보이지 않았다. 열로치는 고개 숙인 아기 곰을 위로해 주었다.

"바다가 있는 곳이라면 어디든 가능성이 있어. 여기가 아니라면 다른 바다로 가면 돼. 아기 곰, 실망하지 말고 힘을 내. 우린 할 수 있어."

한편 봄이네 마을에서는 초록 나라 발전소 건립 대작전

이 시작되었다. 석박사는 태양광 전화기를 통해 그림을 보여주면서 온샘이와 파라미에게 발전소를 세우는 일을 지시했다. 구하기 힘든 부품들은 석박사가 보내 주었고, 동네 사람들도 힘을 보탰다.

"풍력 발전은 먼저 바람이 가지고 있는 운동 에너지를 기계를 통해 전기 에너지로 바꾸는 것이란다. 힘찬 바람이 날개에 닿으면 그 힘이 날개와 연결된 장치에 전달되지. 그러면 그 안의 발전기를 통해서 전기가 만들어지는 거야."

온샘이와 파라미는 석박사의 이야기를 그대로 실행에 옮겼다. 쉬운 일은 아니었다. 그러나 에너지를 만들기 위해 모두 최선을 다했다. 몇 번의 시행착오를 거친 끝에 그럴듯한 발전소가 완성되었다. 몸이 너무 피곤했지만 마음만은 날아갈 듯이 기뻤다. 이제 봄이와 동네 사람들은 자연 에너지를 마음껏 쓸 수 있게 된 것이다.

발전소에서 만들어진 전기가 각 가정으로 전달되었다. 봄이의 방에 태양처럼 환한 불이 켜지는 순간, 봄이는 감

격의 눈물을 흘렸다.

"정말 고마워. 이렇게 금방 풍력 발전소가 완성될 줄은 몰랐어. 이제 까만 나라가 아무리 횡포를 부려도 우리는 행복하게 잘살 수 있을 거야. 이렇게 깨끗하고 효율적인 에너지가 있으니까 말이야."

온샘이가 환한 얼굴로 말했다.

"우리도 기뻐, 봄아. 처음으로 박사님 없이 우리 스스로의 힘으로 에너지를 만든 거잖아."

파라미는 전화기에 대고 석박사에게 외쳤다.

"하하하. 박사님, 저희가 해낸 거예요! 이럴 수가, 내 손으로 에너지를 만들어내다니. 믿어지지 않아요. 이게 다 박사님 덕분이에요."

석박사도 흐뭇한 표정으로 대답했다.

"그래, 너희들이 정말 자랑스럽구나. 으흠!"

봄이는 웃고 있었지만 왠지 모르게 근심이 어린 표정이었다.

"그런데 앞으로 이 발전소를 어떻게 꾸려 나가야 하지?"

아직까지 우리 마을 사람들은 가난한데 말이야."

그러자 석박사가 호탕하게 웃으며 대답했다.

"하하하. 그건 걱정하지 않아도 된단다. 바람을 이용한 발전소는 다른 발전에 비해 유지하는 데 돈이 적게 들고 컴퓨터를 통해서 자동으로 발전이 이루어지기 때문에 관리하는 사람도 거의 필요가 없어."

온샘이가 석박사의 말을 이어 대답했다.

"박사님, 또 저희가 안전장치를 마련했어요. 만약 초속 이십오 미터 이상의 강풍이 불면 발전소의 회전기가 저절로 멈추게 돼요. 날개가 부러질 수도 있고, 기계의 온도가 지나치게 올라가면 부속이 파손될 위험이 있잖아요."

석박사는 감동하여 말했다.

"으흠! 우리 온샘이, 정말 잘 했다. 내가 더 이상 가르칠 것이 없겠는걸!"

봄이는 이처럼 고마운 이들을 위해 무슨 일이든 돕고 싶었다. 봄이네 마을 사람들 역시 같은 마음이었다.

"우리가 도와줄 일이 있으면 망설이지 말고 언제든지 이야기해요."

봄이 할아버지의 북극 일기

바닷가에서 엄마 곰을 찾지 못한 열로치와 빛수리는 아기 곰을 데리고 봄이네 마을로 왔다.

"엄마 곰은 여기에 없나 봐. 다른 나라로 가자."

봄이는 아기 곰의 엄마를 찾는 데 도움을 주고 싶었다. 그래서 자신이 무엇을 할 수 있을지 곰곰이 생각했다.

"애들아, 정말 고마워. 나도 너희를 위해 무언가를 하고 싶어."

아기 곰은 봄이의 착한 마음씨에 따뜻함을 느꼈다.

"봄아, 말만으로도 고마워. 내가 엄마를 찾게 되면 너를 북극으로 초대할게. 꼭 그 날이 왔으면 좋겠다."

봄이는 진심으로 도움을 주고 싶었다. 하지만 아무리 고민해도 방법이 떠오르지 않았다. 그 때 봄이의 머리를 스쳐가는 한 가지 생각이 있었다.

"아, 그래! 내가 왜 그 생각을 못 했지?"

아기 곰은 눈이 동그래졌다.

"봄아, 무슨 좋은 방법이 있어?"

"우리 할아버지는 돌아가시기 직전까지 왕성하게 활동한 환경운동가이셨어. 할아버지는 북극 탐험 대원들과 함께 지구 온난화를 끝낼 방법을 찾으려고 북극에서 오랫동안 계셨다고 들었거든."

사총사도 봄이의 이야기에 귀를 쫑긋 기울였다.

"할아버지가 북극에 계실 때 썼던 일기장이 있어. 그곳에서 겪은 일을 자세히 적어 놓으셨지. 잘 살펴보면 분명 도움을 받을 수 있을 거야."

아기 곰은 봄이의 말에 혹시나 하는 희망이 생겼다. 왠지 이번에는 꼭 엄마를 찾을 수 있으리란 느낌이 들었다.

사총사와 아기 곰은 봄이와 함께 곧장 봄이네 집 다락방으로 달려갔다. 그리고 오래된 장롱 속에서 할아버지의 유품을 넣어 두었던 상자를 찾았다. 상자에는 북극에서 지낸 할아버지의 추억이 고스란히 담겨 있었다. 하얀 눈밭에서 동료들과 함께 찍은 사진들과 함께 빛바랜 일기장이 보였다.

봄이는 추억에 잠긴 표정으로 말했다.

"할아버지가 그러셨어. 북극은 정말 아름다운 곳이라고. 사람들의 잘못

으로 북극이 파괴되면 지구 전체가 멸망하는 것과 같다며 안타까워하셨어."

봄이는 돌아가신 할아버지를 생각하며 환경과 에너지에 대해 다시 한 번 생각했다. 할아버지가 생전에 걱정하셨던 에너지 부족이 실제로 발생한 것이 마음 아팠다. 게다가 인간들의 이기심으로 인해 자연 친구들까지 아픔을 겪고 있는 것은 정말 슬픈 일이었다.

사총사와 아기 곰은 이제 단순히 엄마 곰을 찾기 위한 여행을 넘어서 지구의 에너지와 환경을 책임지는 사명감마저 띠게 되었다.

봄이는 사총사와 아기 곰이 지켜보는 가운데 떨리는 마음으로 조심스레 일기장을 펼쳐 보았다. 거기엔 할아버지와 대원들이 매일 연구하고 관찰한 것들이 적혀 있었다. 뭔가 작은 단서라도 찾을 수 있을까 하는 마음으로 봄이와 사총사는 할아버지의 일기를 한 장씩 읽어 내려갔다.

0월 0일

　북극의 풍경은 정말 아름답다. 꼭 천국에 온 느낌이다. 세상은 온통 새하얗게 빛나는 얼음 나라 같다. 북극은 대부분 바다로 이루어져 있지만 거대한 얼음 덩어리들이 떠 있다. 이렇게 모든 것이 얼어붙어 있어 어떤 것도 살 수 없을 것 같지만 이곳에서는 수많은 생명이 꿈틀댄다. 눈토끼, 여우, 순록, 늑대, 사향소를 비롯하여 여러 종류의 동식물이 살고 있으며 여름에는 꽃도 핀다. 정말 놀라운 일이다.

봄이의 할아버지는 진심으로 북극을 사랑하신 것 같았다. 각종 동물과 식물들의 이름을 나열하며 그들의 생존 환경에 대해 자세히 적고 있었다. 진정으로 자연을 위한 것이 어떤 것인지 고민하고 또 고민한 흔적이 엿보였다. 이런 할아버지 아래에서 나고 자란 봄이가 자연을 이용하는 깨끗한 신재생에너지에 관심이 많은 것은 어쩌면 당연한 일이었다. 할아버지 역시 일기에서 지구 온난화에 대한 걱정을 내비치고 있었다.

사총사는 봄이 할아버지의 일기를 읽어 내려갈수록 두려운 마음이 들었다. 할아버지가 일기를 쓴 것은 벌써 몇십 년 전의 일인데, 그 때도 지구의 온난화가 상당히 진행된 상태였던 것이다. 그런데 아직까지도 사람들은 그 심각성을 모르고 있다니, 얼마나 무서운 일인가. 봄이도 같은 생각인지 말없이 일기를 읽어 내려갔다.

0월 0일

이곳의 온도를 매일 측정하고 있다. 그런데 오늘 재 보니 기온이 또 올라갔다. 정말 심각하다. 지난해보다 0.1도나 높아졌다. 북극은 지구의 기후를 만들어내는 곳이다. 섭씨 2도가 상승한다는 것은 물이 얼지 않는 기간이 수개월 증가하는 것을 의미한다. 이렇게 가다가는 곧 북극의 여름에 얼음이 완전히 없어지는 날이 올 수도 있다. 그렇게 되면, 이곳의 생물들은 삶의 터전을 잃게 되는 것이다. 아…… 생각만 해도 끔찍하다.

○월 ○일

북극곰과 마주쳤다. 하얗고 보드라운 털을 가진 귀여운 모습이었다. 그런데 이 친구의 상태가 조금 날카로워 보였다. 아마도 굶주린 것 같았다. 먹이를 구하기 위해 나온 아빠 곰이었는데 오랫동안 바다를 헤엄쳐 다닌 나머지 너무 지친 모습이었다. 북극의 기후가 올라가고 환경이 변하면서 이곳의 생물들은 힘겨운 생존을 이어가고 있다. 우리 인간들 때문에 다른 생명들이 고통받고 있다고 생각하니 마음이 너무 아프다.

O월 O일

빙산이 무너져 내렸다. 눈앞에서 펼쳐진 충격적인 광경에 우리 대원들 모두는 넋을 잃고 말았다. 커다란 빙산이 아니었기에 망정이지 만약 조금만 더 가까이서 거대한 덩어리가 무너져 내렸더라면 우리는 물론 주변의 동물들까지 모두 목숨을 잃었을 것이다. 아찔한 순간이었다. 점점 두려운 생각이 든다. 지구가 물에 잠기는 것이 몇 십 년밖에 남지 않았다고 경고해 오던 과학자들의 주장이 그저 겁을 주기 위한 것만은 아니라는 걸 깨달았다.

사총사는 커다란 충격을 받았다. 북극의 얼음이 녹아내린다는 얘기는 들었지만, 직접 빙산이 무너졌다는 글을 읽으니 가슴이 철렁 내려앉았다. 지구의 생태계 파괴는 생각보다 심각한 수준인 듯했다.

봄이는 할아버지의 인자한 미소를 떠올렸다.

"할아버지는 그 때 빙산이 녹아내리는 모습에 놀라 그만 들고 있던 나침반을 떨어뜨리셨대. 그 뒤로 다시 그 자리에 가 보아도 찾을 수가 없었대."

파라미가 물었다.

"나침반? 방향을 찾아 주는 물건 말이야?"

"응. 그 나침반은 할아버지에게 매우 소중한 거야. 환경을 지키기 위해 전 세계를 돌아다니면서 늘 지니고 다니셨대. 돌아가시기 전까지도 꼭 찾고 싶어하셨는데……."

온샘이는 봄이의 손을 꼭 잡아 주었다.

"나침반은 못 찾았지만 할아버지는 매우 의미 있는 일을 남기고 가셨잖아."

○월 ○일

　북극 생물들의 수가 점점 줄어들고 있다. 먹이를 찾으러 나갔다가, 혹은 디디고 있던 얼음이 무너져 내려서 돌아오지 않는 북극곰의 숫자도 많아졌다. 우리는 안 되겠다는 생각이 들었다. 근본적으로는 지구 온난화라는 문제가 해결되어야 하지만, 일단은 북극곰들이 대부분 어디로 떠내려가는지를 알아야겠다. 그래서 길목에 있는 곰들을 단 한 마리라도 구할 수 있다면 그보다 더 보람 있는 일은 없을 것이다. 멸종 위기에 처한 곰들을 이렇게라도 살리고 싶다.

O월 O일

 우리는 북극곰이 헤엄쳐 가는 경로를 관찰했다. 그런데 칠십 퍼센트 정도가 비슷한 방향으로 간다는 것을 발견했다. 아마도 그곳이 원래 물고기를 잡기 좋은 사냥터였거나, 바닷물이 그쪽으로 흘러가 자연스럽게 그리로 헤엄치게 되었거나 둘 중 하나일 것이다. 자신들이 살던 곳이기 때문에 집으로 무사히 돌아오는 북극곰도 많았지만, 먹이를 찾아 정처 없이 떠내려가는 곰도 있었다. 북극곰의 생존과 무사 귀환을 위해 우리는 최대한 노력할 것이다.

봄이의 할아버지는 역시 환경 운동가답게 생명을 가장 중요하게 생각하신 듯했다. 북극곰에 대한 이야기가 이어지자, 사총사와 아기 곰은 눈을 크게 뜨고 숨이 멎은 듯 집중하고 있었다.

할아버지의 일기에는 북극곰의 이동 경로를 표시한 지도가 함께 그려져 있었다. 아기 곰은 가슴이 뛰었다. 파라미가 외쳤다.

"바로 이거야! 우리 이 지도를 따라서 이동해 보자. 봄이 할아버지의 일기에 조류가 그쪽으로 흘러가고 있다고 적혀 있잖아. 이 경로를 따라가면 아기 곰의 엄마를 만날 수 있을 거야."

온샘이는 곰곰이 생각하더니 입을 열었다.

"하지만 이대로 헤엄쳐 갔을 확률은 칠십 퍼센트밖에 되지 않는걸. 다른 곳으로 떠내려갔을 확률도 높아. 확신해선 안 돼."

그 때 지도를 자세히 들여다보던 빛수리가 눈을 반짝이며 말했다.

"그런데 애들아, 잘 봐. 이 바닷길을 쭉 따라가다 보면 결국 닿게 되는 곳은 바로……."

온샘이 역시 놀라고 말았다.

"앗, 이곳은?"

빛수리는 믿을 수 없다는 표정으로 외쳤다.

"그래, 지도의 끝은 바로 까만 나라잖아!"

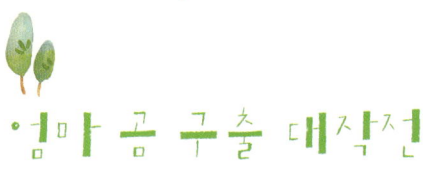
엄마 곰 구출 대작전

한편 엄마 곰은 사총사의 추측대로 정말로 까만 나라의 바다에 떠내려왔다. 대체 엄마 곰에게 그동안 무슨 일이 일어났던 것일까?

아기 곰이 사총사에게 신호를 보냈던 바로 그 날, 엄마 곰은 아기 곰을 위해 먹이를 찾아 나섰다가 먼 바다까지 헤엄쳐 가게 되었다. 엄마 곰은 지친 몸을 이끌고 아기

곰이 기다리고 있는 집을 찾아 헤매기 시작했다. 바닷길을 따라 며칠을 헤엄쳐 간 끝에 도착한 곳이 바로 이곳 까만 나라였던 것이다.

그 며칠간 엄마 곰에게 바다는 너무 잔인한 곳이었다. 아무리 찾아도 잠깐 올라설 얼음 한 조각조차 보이지 않았다. 정신을 잃을 정도로 기진맥진했지만 이대로 포기할 수는 없는 노릇이었다. 아기 곰에게 돌아가기 위해 엄마 곰은 이를 악물고 고통을 참았다. 드디어 몸을 누일 땅이 보이자 외마디 탄성을 내질렀다.

"아……, 드디어 땅이……."

엄마 곰은 기력이 다해서 거의 죽은 듯이 해변에 쓰러졌다.

봄이 할아버지의 지도를 본 사총사는 너무 놀라 입을 다물지 못했다.

"이럴 수가! 하지만 우리는 까만 나라에 이미 다녀왔잖아. 바다를 모두 뒤졌지만 엄마 곰은 어디에서도 볼 수가 없었다고."

그러자 온샘이가 침착하게 대답했다.

"맞아. 하지만 지금으로선 가장 확률이 높은 곳이 바로 까만 나라야. 다시 한 번 가보자."

열로치는 기겁을 했다.

"으엑, 난 그 나라엔 다시는 가고 싶지 않은데. 텁고 지

저분하고 냄새까지 나잖아. 에너지를 펑펑 써대는 그 나라 사람들을 보면 화가 나서 견딜 수가 없단 말이야."

잠깐의 침묵이 흐르고 열로치가 다시 입을 열었다.

"하지만 어쩔 수 없지. 아기 곰을 위한 일이잖아."

아기 곰은 그런 곳에 엄마가 있을 거라 생각하니 걱정도 되었지만, 어디든 살아만 계셨으면 좋겠다는 간절한 마음이었다.

사총사와 아기 곰은 봄이에게 작별 인사를 했다.

"봄아, 우린 이제 그만 가 봐야겠어. 도와줘서 고마워."

"아기 곰아, 생각해 봤는데, 나도 함께 가면 안 될까? 엄마 곰을 찾는 일 말이야, 나도 도와주고 싶어."

그 말을 들은 온샘이는 봄이를 말렸다.

"하지만 까만 나라는 생각보다 더 위험한 곳이야. 게다가 너희 나라를 이렇게 어렵게 만든 사람들이 살고 있는데 괜찮겠어?"

그러나 봄이는 진심으로 함께 가고 싶어했다.

"난 괜찮아. 에너지를 제대로 공부하려면 사람들이 어

떤 식으로 에너지를 낭비하고 있는지 정확히 아는 것이 중요하다고 생각해. 무엇보다 아기 곰에게 조금이나마 도움이 되고 싶어. 나도 까만 나라에 함께 갈게."

이렇게 해서 사총사와 아기 곰, 그리고 봄이는 파라미의 등을 타고 까만 나라로 향했다. 다시 방문한 까만 나라는 상황이 더욱 안 좋아 보였다. 푸른 나무들은 거의 보이지 않았고 하늘은 뿌옇게 흐려졌지만 사람들은 여전히 아무렇지도 않게 자동차를 타고 보일러와 에어컨을 틀어대며 화려한 조명으로 전기를 펑펑 낭비하고 있었다. 이것을 본 열로치가 기가 막힌다는 듯 말했다.

"정말 이 나라는 구제 불능이구나. 달라질 기미가 보이지 않아."

파라미와 빛수리도 속으로 생각했다.

'이 나라에 아무리 큰 위기가 닥친다고 해도 도와주고 싶지 않을 것 같아.'

'흥, 어디 한번 크게 당해 봐야 정신을 차리지.'

온샘이는 일행을 재촉했다.

"자, 이러고 있을 시간이 없어. 엄마 곰을 어디에서 찾을 수 있을지 고민해 보자. 봄아, 네 생각은 어때?"

"음, 일단은 처음부터 다시 시작해야 할 것 같아. 전에 들렀던 바닷가를 살펴보는 게 좋겠어."

아기 곰은 걱정스러웠다.

'거기에서 전처럼 아무런 단서를 발견하지 못하면 어쩌지?'

바닷가에 도착한 일행은 전보다 더 열심히 바닷가를 살펴보았다. 몇 시간 동안 샅샅이 뒤졌지만, 엄마 곰은 없었다. 그런데 그 때, 땅바닥을 살펴보던 빛수리가 무언가를 발견했다.

"앗, 이게 뭐지?"

봄이와 아기 곰은 깜짝 놀라서 빛수리가 가리킨 곳을

향해 뛰어갔다. 봄이가 소리쳤다.

"이건 북극곰의 발자국이야!"

아기 곰은 그것을 자세히 들여다보았다. 발자국에서 엄마의 냄새가 났다. 가슴이 두근거렸다. 엄마를 만날 수 있다는 생각에 금방이라도 울 것만 같았다.

파라미는 흥분하여 이리저리 뛰어다녔다.

"대체 엄마 곰은 어디에 있는 거지?"

봄이와 온샘이는 이미 발자국을 따라서 빠른 걸음으로 걷고 있었다. 그러나 엄마 곰의 발자국은 얼마 가지 않아 끊어졌다.

"엇, 대체 어떻게 된 거지?"

"이런 곳에서 발자국이 끊기다니. 갑자기 하늘로 솟아 버린 건가?"
"아니야, 잘 봐. 여기부터는 자동차 바퀴 자국이 나 있어. 이건 분명히 누군가가 엄마 곰을 데려갔다는 증거야."
아기 곰은 크게 걱정했다.
'나쁜 사람들이 엄마를 납치한 것일까?'

일행은 자동차의 흔적을 따라갔다. 한참을 가니 외딴 곳에 허름하고 커다란 창고가 나왔다. 그곳에 냉동차 한 대가 세워져 있었다. 창고는 여러 칸으로 나뉘어 있었고 여기저기서 개 짖는 소리가 들렸다. 창고 앞으로 다가가니 흙바닥에 엄마 곰의 발자국과 함께 하얀 털이 떨어져 있었다. 순간 엄마 곰이 이곳에 있음을 느낀 아기 곰은 큰 소리로 엄마를 불렀다.

"엄마! 엄마! 어디에 계세요? 엄마! 제가 왔어요. 대답 좀 해 보세요. 네?"

아기 곰은 다급히 앞발로 창고 문을 밀었다. 창고 안은 불빛 하나 없이 어두웠다. 아무것도 보이지 않았다. 사총사는 마음이 다급해졌다.

"빛수리, 저쪽으로 빛을 비춰 봐."

빛수리가 빛을 밝히자 거짓말처럼 창고 한 구석 철창 안에 누군가가 갇혀 있는 것이 보였다. 그것은 다름 아닌 엄마 곰이었다. 엄마 곰은 바닥에 기절해 쓰러져 있었다. 사총사와 봄이, 그리고 아기 곰은 철창으로 마구 달려갔다.

"엄마! 엄마! 대체 무슨 일이 있었던 거예요? 네?"

아기 곰은 울며 소리쳤다. 아기 곰의 목소리를 들은 엄마 곰은 흠칫 놀라 눈을 떴다.

"누구니, ……우리 아가니? 아가?"

"네, 엄마! 저예요. 일어나 보세요, 엄마. 네?"

"아가! 어떻게 이곳까지 온 거야? 응? 다친 데는 없니?"

엄마 곰은 어렵사리 몸을 일으켰다. 그러나 다리에 힘이 없어서 제대로 서 있지를 못했다. 아기 곰은 마음이 찢어지는 것 같았다.

"엄마, 어떻게 된 거예요? 무슨 일이 있었던 거예요?"

엄마 곰은 온몸이 아파서 말도 제대로 하지 못했다. 가느다란 목소리로 엄마 곰은 아기 곰에게 자초지종을 설명했다.

"아…… 엄마도 어떻게 여기까지 오게 됐는지 잘 모르겠구나. 네가 학교에 간 사이 엄만 먹이를 구하려고 먼 바다로 나왔단다. 그런데 어느새 주변을 둘러보니 그만 발을 디딜 얼음 덩어리가 하나도 없는 거야. 며칠 동안 정신없이 헤엄치다 보니 이곳 까만 나라까지 오게 되었어."

"흑흑…… 엄마, 얼마나 보고 싶었는지 아세요? 그런데 엄마를 누가 이곳으로 데려온 거죠? 대체 누가 이렇게 만든 거예요?"

"처음 이 나라에 도착하니 집으로 돌아갈 길이 막막하더구나. 그래도 너에게 갖다 줄 먹이는 구해야겠다는 생각에 정처 없이 바닷가를 헤매고 있는데 웬 사람들이 다가왔어."

엄마 곰은 숨이 차는지 잠깐 쉬었다가 어렵게 말을 이었다.

"먹을 것을 잔뜩 주고 집에 데려다 주겠다면서 냉동차에 태우더구나. 그런데 도착해 보니 이 창고였어."

엄마 곰을 데려온 사람들은 까만 나라의 유명한 악당들이었다. 이들은 온갖 수단과 방법을 가리지 않고 에너지를 만들어 비싼 값에 팔아넘기는 무리였다. 이들은 자신들이 만드는 에너지를 많이 팔기 위해서 까만 나라 사람들이 에너지를 낭비하도록 부추겨 왔다.

  그러다가 급기야 동물을 이용해 전기를 만들 수 있다는 얘기를 듣고 온갖 동물들을 납치해 발전기를 돌리고 있었던 것이다. 그러던 중 바닷가를 지나다가 길에서 헤매는 엄마 곰을 꾀어 이곳으로 데려온 것이다.

  "저기 있는 기계 보이지? 내 손과 발을 쇠사슬로 묶고 발전 장치를 연결했어. 나를 발버둥치고 달리게 한 다음 그 힘을 이용해 전기를 만든다고 하더구나."

  엄마 곰은 손발을 부들부들 떨고 있었다.

  "동물 발전이라니! 너무도 잔인한 사람들이야."

  엄마 곰의 이야기를 들은 사총사는 너무 놀라서 할 말을 잃었다. 봄이의 눈에서도 눈물이 흘렀다.

  "아기 곰아, 미안해……. 정말 미안해."

그런 사람들과 똑같은 인간이라는 것이 봄이는 너무 미안하고 괴로웠다. 아기 곰도 눈물을 그치지 못하고 한참 동안 충격에서 헤어 나오지 못했다. 온샘이가 아기 곰을 달래며 말했다.

"아기 곰, 그만 울고 진정해. 얼른 엄마를 여기서 구해 내자."

"자, 먼저 엄마 곰을 철창에서 빼내야 해. 열로치, 준비 됐지? 불꽃 발사!"

열로치는 뜨거운 입김을 모아 불꽃을 뿜어 냈다. 그러자 창고의 자물쇠가 빨갛게 달구어져 끊어져 버렸다. 드디어 엄마 곰을 철창에서 구해 낸 것이다. 엄마 곰은 사총사에게 말했다.

"저기 옆 창고 보이지? 그 안에 다른 동물들도 많이 잡혀 있어. 악당들이 가리지 않고 마구 잡아 온 것 같아."

사총사는 얼른 옆 창고로 달려갔다. 그곳에서는 개와 고양이를 비롯하여 심지어 다람쥐까지 수많은 동물들이 연신 쳇바퀴를 돌리고 있었다. 며칠 동안 굶었는지 모두 뼈만 앙상하게 남은 모습이었다.

열로치는 흥분을 감추지 못했다.

"정말 괘씸하군. 동물들을 친구가 아닌 도구로 아는 이런 나쁜 악당들 같으니라고! 가만두지 않겠다."

화가 난 열로치의 불꽃은 천장까지 닿을 듯했다. 열로치는 엄마 곰을 구해 냈던 것과 같은 방법으로 동물 친구들을 구출했다. 몸에서 발전 장치를 떼어내는 순간, 동물 친구들은 환호성을 내질렀다.

"살았다! 우린 그동안 너무 괴로웠어."

"정말 고마워, 사총사. 너희가 우리의 목숨을 구했어."

잡혀 온 지 가장 오래된 고양이 아줌마는 구석에서 눈물을 닦고 있었다.

"얼마 전 내 친구는 고통을 견디지 못하고 그만 죽고 말았어……. 흑흑. 조금만 더 일찍 구출되었으면 좋았을 텐데."

사총사도 마음이 아팠다. 그러나 슬퍼만 하고 있을 겨를이 없었다. 빨리 이곳을 벗어나야 했다. 아기 곰과 엄마 곰, 그리고 동물 친구들을 모두 데리고 창고를 빠져나오려는 순간이었다.

"이놈들! 거기 서지 못해?"

악당들이었다. 그들은 양 손에 쇠사슬을 들고 무서운 기세로 쫓아왔다. 파라미는 먼저 봄이와 동물들을 안전한 곳으로 대피시켰다.

"저렇게 나쁜 사람들을 그냥 두고 볼 수는 없어. 에너지를 아낄 생각은 안 하고 죄 없는 동물을 이용해서 돈을 벌려고 하다니. 우리가 혼을 내주자!"

빛수리는 악당들을 향해 강한 빛을 비추었다. 그러자

악당들은 깜짝 놀라 눈을 뜨지 못하고 버둥거렸다.

"악, 앞이 안 보여!"

"크헉, 내 눈이 왜 이런 거지?"

그 사이, 열로치가 악당들에게 다가갔다.

"맛 좀 봐라! 나쁜 놈들."

열로치가 뜨거운 불꽃을 뿜어내자 악당들의 엉덩이에 불이 붙었다.

"앗, 뜨거! 이게 뭐야!"

"내 엉덩이에 불이 붙었잖아, 아이고, 나 살려!"

악당들은 불을 끄려고 이리저리 날뛰다가 그만 엄마 곰이 갇혀 있던 철창 안으로 들어가고 말았다. 이 때다 싶은 열로치는 철창의 문을 쾅- 하고 닫아 버렸다. 그리고는 빠져나오지 못하도록 다시 자물쇠를 달구어 악당들을 아예 가두어 버렸다. 다만 마음 착한 온샘이가 물을 뿜어 엉덩이에 붙은 불을 끄고 목숨만은 구해 주었다. 악당들은 이제 자신들이 만들어 놓은 감옥에 스스로 갇혀 버린 것이다. 그러나 악당들은 철창 안에서도 잘못을 깨닫지 못하고 소리를 질렀다.

"우린 전지전능한 인간이다! 감히 동물 주제에 인간을 거역해?"

"이놈들! 당장 우리를 꺼내 줘!"

아기 곰은 쓰러진 엄마 곰을 등에 업었다.

"엄마, 조금만 참으세요. 저와 함께 집으로 가요."

엄마 곰은 정신을 잃을 만큼 고통스러웠지만 아기 곰을 위해 쓰러지지 않으려 안간힘을 썼다.

"우리 아가 많이 컸구나. 어느새 엄마를 업을 만큼 이렇게 자란 거니……."

사총사와 봄이도 소리치는 악당들을 뒤로한 채 나머지 동물들을 데리고 무사히 빠져나왔다. 갇혀 있던 동물 친구들은 사총사에게 감사의 인사를 건넸다.

"정말 고마워, 신재생에너지 사총사 친구들아."

"우린 정말 이대로 죽는 줄만 알았어."

파라미는 친구들의 칭찬에 금방 기분이 좋아져서 머리를 긁적이며 말했다.

"이 정도야 뭘. 헤헤. 그런데 이런 위급한 상황이면 우리를 부르지 그랬어."

그러자 숲이 고향인 다람쥐 형제가 말했다.

"사실 우리 까만 나라는 위급 상황이 아닌 적이 없었어. 숲이 파괴되기 시작한 것도 벌써 오래전이거든."

"너희를 부르려면 아마 하루도 빠짐없이 불러야 했을 거야. 너희들의 도움을 받는다고 해도 까만 나라 사람들 스스로 생각을 바꾸지 않는 한 위기를 모면하는 것은 잠깐일 뿐이야."

나이 많은 너구리 할아버지가 슬픈 목소리로 말했다.

"우리도 거의 포기한 상태나 다름없었단다. 우리 까만 나라에 곧 큰 재앙이 닥칠 거라는 소문까지 떠돌았거든. 예전에는 참 아름답고 행복한 나라였는데……."

사총사는 까만 나라의 동물들이 그동안 받았을 고통을 생각하니 마음이 아팠다. 열로치는 동물 친구들을 도와주고 싶었다.

"어떻게 하면, 동물들이 이 불행한 까만 나라를 벗어날 수 있을까?"

파라미가 주먹을 불끈 쥐며 말했다.

"우리가 모두 초록 나라로 데려가는 것이 어때?"

그러자 온샘이가 고개를 저으며 대답했다.

"하지만 그렇게 되면 까만 나라의 생태계는 멸망하고 말 거야."

빛수리도 대책을 생각해 보았지만 쉽사리 떠오르지 않았다.

"뭔가 좋은 방법이 없을까?"

온샘이가 딱 잘라 말했다.

"없어. 까만 나라 사람들이 지금이라도 잘못을 뉘우치는 것 외에는."

모두들 표정이 무거웠다. 그리고 긴 침묵이 이어졌다.

전쟁을 준비하는 까만 나라

쿵-. 쿵-. 쿵-.

어디선가 커다란 굉음이 들려왔다. 대포 소리 같기도 하고, 천둥 소리 같기도 했다.

"이게 대체 무슨 소리지?"

아기 곰이 깜짝 놀라 물었다.

"글쎄, 무슨 일이 일어난 것 같은데. 소리가 나는 쪽으로 가 보자."

소리는 점점 커지고 있었다.

소리가 나는 곳에는 정말로 대포가 있었다. 뿐만 아니라 아까 그 악당과 똑같은 눈빛을 가진 사람들이 총을 한 자루씩 들고 있었다.

"뭐 하는 거지? 훈련인가?"

사총사는 숨을 죽이고 총을 든 사람들이 하는 이야기에 귀를 기울였다.

"대포와 탱크는 모두 준비되었나?"

"충성! 준비 완료입니다."

"그럼 일주일 후 초록 나라를 향해 돌격한다. 아무도 모르게 보안을 유지하는 건 잊지 않았겠지?"

"예! 모두가 잠든 밤을 틈타서 쳐들어갈 겁니다."

"초록 나라에서는 에너지가 부족하다는 불평을 하는 이들이 한 사람도 없다지. 그렇다면 그곳엔 분명 수많은 석유와 석탄이 매장되어 있는 것이 틀림없어."

"옳으신 말씀입니다. 두 번이나 빼앗아 온 경험이 있으니 이번 전쟁도 꼭 승리할 것입니다!"

"그래, 이번 일만 성공하면 우리 까만 나라는 에너지를 더욱 펑펑 쓸 수 있는 부자 나라가 되는 거야. 아하하하!"

"그렇습니다. 까만 나라는 언제나 풍요로운 나라였습니다. 우리가 조금 더 편하게 살기 위해서 다른 나라가 희생하는 것은 어쩔 수 없는 일입니다."

"그렇지! 자네, 아주 똑똑하구먼. 으하하하."

잘 들어 보니 이들은 나라를 지키기 위한 군인이 아니었다. 무시무시한 에너지 전쟁을 준비하고 있는 사람들이었다. 까만 나라의 에너지가 바닥나 간다는 것을 눈치 챈 이곳 사람들은, 초록 나라에 에너지가 아직 남아 있다는 소문을 듣고 쳐들어갈 준비를 하고 있는 것이었다.

봄이는 너무 놀라 그만 소리를 지를 뻔했다.

"너무해. 벌써 세 번째야. 까만 나라는 정말 우리 초록 나라를 박살낼 참인가? 무서워. 에너지를 얻기 위해 이렇게까지 하다니 너무 잔인한 사람들이야."

까만 나라 사람들은 벌써 두 번이나 봄이네 나라에 쳐들어온 적이 있었다. 그 때마다 에너지를 모두 빼앗아 간 까만 나라였다. 그런데도 만족하지 못하고 또다시 전쟁을 일으키려 하고 있는 것이다.

빛수리는 믿을 수 없다는 듯이 말했다.

"정말 답답하군. 가지고 있는 에너지를 아껴 쓴다든지 오염 없는 에너지를 만든다든지 하는 생각은 도대체 왜 못 하지?"

화가 나기는 열로치도 마찬가지였다.

"이렇게 극단적인 방법인 전쟁을 선택하다니, 이 사람들 정말 벌받을 거야. 아니면 이 열로치가, 직접 벌을 줄 테다!"

그러자 온샘이가 말했다.

"진정해 열로치. 지금 이러고 있을 때가 아니야. 빨리 이 사실을 초록 나라에 알려 줘야 해."

파라미는 다급히 출동 준비를 했다.

"그런데 아기 곰과 엄마 곰은 어떡하지? 북극으로 데려다 줘야 하잖아."

사총사는 생각 끝에 결론을 내렸다.

"지금은 이 전쟁을 막는 것이 급선무야. 일단 이곳은 위험하니 아기 곰과 엄마 곰을 데리고 초록 나라로 이동하자."

"그래. 게다가 지금 엄마 곰은 먼 여행을 할 수 있는 몸 상태가 아니니 초록 나라에서 건강을 회복한 뒤에 북극으로 돌려보내자."

초록 나라에서 온 편지

　다시 찾아간 초록 나라는 여전히 평화로운 모습이었다. 전쟁에 대해서는 아무것도 모르고 있었다. 이미 까만 나라는 예전에도 두 번이나 초록 나라의 에너지를 빼앗으려 전쟁을 일으켰지만, 이번 전쟁은 규모가 달랐다. 예전에 일으켰던 전쟁은 단순히 에너지가 부족해서 초록 나라의 에너지만을 가져가려 한 것이었다. 그러나 무분별한 낭비로 인해 심각한 에너지 부족에 시달리게 된 까만 나라 사람들은 아예 초록 나라 전체를 점령하려 하고 있었다. 물론 이 상황에서도 까만 나라는 에너지를 아끼지 않고 펑펑 쓰고 있었다.

사총사는 일단 아기 곰과 엄마 곰을 봄이네 마을로 대피시켰다. 마을 사람들은 사연을 듣고 한마음으로 안타까워하며 엄마 곰이 회복될 때까지 돌보아 주기로 약속했다.

"아유, 우리가 당연히 보살펴 줘야지요."

"쯧쯧, 얼마나 고생이 많았을까."

"다시는 이런 일이 없어야 할 텐데. 엄마 곰이 건강해질 때까지 우리가 잘 간호해 줍시다."

이제 까만 나라의 소식을 알릴 차례였다. 온샘이가 봄이에게 말했다.

"봄아, 모든 사람들에게 전쟁 소식을 알려야 해."

그러나 봄이는 걱정스러웠다.

"그런데 말야, 전쟁이 일어난다는 사실을 알고 사람들이 큰 혼란에 빠지면 어떡하지?"

온샘이는 그런 봄이의 마음을 모르는 것은 아니었다.

하지만 모르는 체할 수도 없는 노릇이었다.

"하지만 이대로 있을 수는 없잖아. 도망을 가든지 대비를 하든지 그건 이 나라 사람들의 몫이야. 선택할 기회를 줘야 해."

온샘이의 말이 맞는 것 같았다. 봄이는 방송국으로 달려갔다. 자세한 상황을 설명하고 뉴스를 통해 사람들에게 이 사실을 알렸다. 까만 나라의 못된 야심을 알리는 뉴스가 초록 나라에 울려 퍼졌다.

"까만 나라 사람들이 또다시 우리나라를 쳐들어오려 합니다. 이번에는 단순히 에너지만을 빼앗으러 오는 게 아니라는군요. 우리 초록 나라 전체를 차지하려는 야심으로 똘똘 뭉쳐 있다고 합니다. 한시바삐 대책을 마련해야 합니다."

방송을 들은 사람들은 크게 동요했다.

"다른 나라로 떠나야 하는 것 아니야? 지금 당장 짐을 싸야겠어."

"설마 또 쳐들어올까요? 헛소문일 거예요. 우린 일상적인 생활을 그대로 유지하면 돼요."

"우리도 무기를 정비하자고요! 또 저번처럼 당하고만 있을 겁니까? 우리도 뭔가 대책을 마련해야지요!"

하지만 대부분의 사람들은 전쟁에 전쟁으로 맞서는 것은 어리석은 일이라고 주장했다.

"똑같이 전쟁을 하면 까만 나라와 우리나라 모두에게 해를 끼치는 겁니다."

"까만 나라 사람들에게 신재생에너지를 일러주고 자연의 소중함을 깨닫게 하는 것이 더 중요해요."

"전쟁은 어떻게든 피해야 해요. 다른 방법을 생각해 봐요."

"폭력엔 사랑과 대화로 맞서는 것이 제일 좋아요. 까만 나라도 오죽 살기가 힘들면 전쟁까지 생각했겠어요."

이런 초록 나라 사람들의 모습을 본 사총사는 크게 감

동했다. 까만 나라는 자신들만의 이익을 위해 에너지를 빼앗는 전쟁을 서슴지 않았는데도, 이곳 초록 나라 사람들은 그들을 미워하지 않고 있다. 오히려 까만 나라를 불쌍해하며 도움을 주고 싶어하는 것이다.

　결국, 초록 나라 사람들은 오랜 회의 끝에 전쟁을 준비하지 않기로 결정했다. 대신 까만 나라에 편지를 보내서 설득을 해 보기로 했다.

　"우리의 뜻을 전달하면 그쪽도 결국엔 뉘우치고 돌아설 거예요."

"우리 다 같이 진심을 담아 편지를 써 봅시다."

"그래요, 대화를 시도해 봅시다."

또박또박한 글씨로 봄이가 직접 편지를 썼다. 신속하게 편지를 전달해야 하는 만큼 바람돌이 파라미가 집배원 역할을 맡았다. 봄이가 함께 가서 편지를 전하기로 했다. 파라미는 편지를 손에 꼭 쥐고 채비를 했다.

"휴……. 다시는 이런 일로 출동하는 일이 없었으면 좋겠어."

"파라미와 함께 편지를 잘 전해 주고 올 테니 모두 걱정 말고 기다리세요!"

파라미와 봄이는 편지를 가지고 까만 나라를 향해 무거운 발걸음을 옮겼다.

까만 나라의 악당들은 이미 초록 나라를 향해 돌격하고 있었다. 탱크가 어마어마한 대포를 싣고 도로를 점령하고 있었다. 군인들은 하늘을 향해 총을 쏘아대며 진격했고 또 다른 시민들은 꼭 승리하고 돌아오라며 응원의 노래를 부르기도 했다.

"잠깐! 잠깐만 탱크를 멈춰 보세요!"

봄이가 온 힘을 다해 소리쳤다. 까만 나라 사람들은 일제히 봄이를 쳐다보았다.

"저 아인 누구야?"

"글쎄, 이 중요한 순간에 대체 무슨 일이지?"

사람들이 수군거렸다. 봄이는 또랑또랑한 목소리로 외쳤다.

"제가 편지를 가져왔어요! 이웃 나라인 초록 나라에서 보낸 편지예요."

까만 나라 사람들은 의아한 표정을 지었다. 봄이는 까만 나라 사람들에게 초록 나라 사람들의 뜻을 전해 주었다. 한 자 한 자 읽어 내려가는 봄이의 손은 떨리고 있었다.

안녕하세요.

우리는 초록 나라 사람들입니다.

우리나라와 전쟁을 일으키려 한다는 소문을 들었습니다. 고맙게도 신재생에너지 사총사가 다급하게 달려와 그 사실을 전해 주었지요.

그러나 까만 나라 국민 여러분, 우리는 전쟁을 하고 싶지 않습니다. 우린 풍요롭고 행복하게 살고 싶습니다. 그 점은 까만 나라도 마찬가지일 거라고 믿습니다. 전쟁이 일어나면 결국 두 나라 모두 큰 상처를 입게 됩니다. 까만 나라는 예전에도 우리 초록 나라의 석유와 석탄을 거의 다 빼앗아 갔지만, 우리는 까만 나라를 미워하지 않습니다. 에너지의 부족으로 살기가 힘들어서 어쩔 수 없이 그런 것이라 생각합니다.

우리 함께 힘을 합쳐 신재생에너지를 연구하는 것이 어떨까요? 우리는 물, 불, 바람, 빛 등 새로운 에너지에 관심을 가지고 있습니다. 이미 사총사의 도움으로 풍력 발전소에서 적지만 소중한 전기를 얻고 있지요. 앞으로도 이 친구들이 많이 도와줄 거라 약속했습니다.

그러니 이제 전쟁은 잊어버리고 함께 잘사는 방법을 찾아보아요. 까만 나라에게도 그편이 훨씬 더 좋은 일 아닐까요? 우리 함께 신재생에너지를 이용해서 풍요로운 미래를 만들어 가요.

희망적인 답을 기대하며, 초록 나라에서 보냅니다.

편지를 끝까지 읽은 봄이는 까만 나라 사람들을 향해 말했다.

"전쟁은 이제 그만두세요. 여러분들이 조금만 에너지를 아껴 쓴다면 이렇게까지 되지는 않았을 거예요. 우리가 신재생에너지를 생산하는 일을 도울게요. 그러니 전쟁을 하지 말고 서로 도와 에너지를 만들어요."

초록 나라의 편지를 들은 시민들 중에는 전쟁을 반대하는 목소리가 생겨났다.

"저렇게까지 편지를 보냈는데 전쟁을 꼭 해야 하나? 그냥 사이좋게 사는 건 어때?"

"그래, 벌써 두 번이나 에너지를 빼앗아 왔는데, 거기도 뭐 남은 게 있겠어? 그 사람들도 먹고 살아야지."

그러나 대부분의 까만 나라 사람들은 에너지가 부족하기 때문에 도리가 없다는 반응이었다.

"우리가 왜 에너지를 아껴 써야 되지? 난 불편한 생활은 딱 질색이야. 자연은 인간이 사용하라고 있는 거라고."

"우린 숲이 사라지든 지구가 더워지든 관심이 없어. 그냥 쓰고 싶은 만큼 쓸 뿐이야."

"초록 나라 사람들은 적은 에너지로도 잘산다며? 그러니까 우리가 남는 에너지를 좀 가져온다는 건데, 뭐 어때?"

"필요한 게 있으면 싸워서 쟁취하는 거야. 살다 보면 전쟁도 할 수 있는 거지 뭐."

"그래 맞는 말이야. 꼬마야, 미안하지만 우리도 어쩔 수가 없단다. 가서 전해라. 우린 오늘 밤 꼭 전쟁을 해야 한다고."

파라미는 그만 할 말을 잃었다. 까만 나라 사람들은 자신들의 잘못을 전혀 깨닫지 못하고 있었다. 혹시나 하는 마음에 봄이는 계속해서 설득을 하려 했지만 이미 늦은 것 같았다.

까만 나라에 찾아온 재앙

  한편, 초록 나라에선 봄이와 파라미가 좋은 소식을 가져오길 기다리고 있었다. 까만 나라 사람들과 함께 공부하기 위해 신재생에너지에 관한 책도 준비했다. 또 화해의 표시로 선물할 태양열 발전기를 만들기 시작했다.
  "까만 나라는 우리나라에 비해 상대적으로 기온이 높으니까 태양열을 이용하면 유리할 거야."
  "그래, 태양열 발전기는 처음에 설치할 때 비용이 많이 들지만, 유지하는 데 경제적이고 무제한으로 사용할 수 있으니까 정말 좋아."

"우리가 힘을 합쳐 까만 나라를 도와주자."

"함께 신재생에너지 강국이 되는 거야."

그렇게 초록 나라 사람들은 온샘이와 빛수리, 열로치의 도움을 받아 전쟁이 아닌 새로운 에너지 시대를 준비하고 있었다.

"앗, 저기, 파라미와 봄이가 온다!"

"분명 좋은 소식을 가져왔겠지?"

"전쟁은 없을 거야. 까만 나라 사람들이 그렇게까지 나쁜 악당은 아닐 거야."

그러나 절망적이게도 봄이가 전해 주는 소식은 기대와 달랐다. 완강한 까만 나라 사람들의 태도에 결국 봄이와 파라미는 허탈한 마음으로 발길을 돌릴 수밖에 없었던 것이다.

"죄송해요. 그들을 설득하지 못했어요. 아무리 얘기를 해도 막무가내였어요. 까만 나라 사람들은 이미 에너지 전쟁을 하려고 단단히 마음 먹은 것 같아요."

초록 나라 사람들은 실망감과 함께 큰 두려움에 휩싸였다. 이대로 전쟁을 하게 되는 것일까. 까만 나라 사람들은 진정 반성하지 않는 것일까. 지구는 이대로 점점 더 위험에 빠지게 되는 것일까. 초록 나라 사람들은 모든 것을 운명에 맡길 수밖에 없다고 생각했다.
"이젠 우리도 어찌할 도리가 없어."
"지금이라도 까만 나라 사람들이 잘못을 뉘우치고 전쟁을 포기했으면……."
엄마 곰을 간호하고 있던 아기 곰도 무서운 생각이 들었다.
'정말 두 나라 사이에 전쟁이 일어나는 것일까.'

바로 그 때였다. 텔레비전에서 뉴스가 흘러나왔다.
"조금 전 이웃 나라인 까만 나라에 어마어마한 태풍이 발생했습니다. 이번 태풍은 당분간 지속될 것이며 엄청난 비를 동반하고 있어서 커다란 영향을 미칠 것으로 예

상됩니다."

온샘이가 말했다.

"이럴 줄 알았어. 까만 나라의 기후는 이미 아열대성 기후로 변했어. 지금 와서 손을 쓰기엔 늦어 버린 거야."

조금 후 뉴스에서 다시 긴급한 목소리가 흘러나왔다.

"큰일입니다! 산처럼 커다란 해일이 까만 나라를 덮쳤습니다. 수십만 명의 사람들이 해일에 쓸려나가 실종된 상태입니다. 까만 나라의 도시들이 물에 잠기고 있습니다."

　뉴스를 들은 초록 나라 사람들은 크게 놀라며 까만 나라를 걱정하기 시작했다.

　"어쩜, 갑자기 저런 일이 일어날 수가 있지?"

　"우리가 가서 도와줘야 하는 거 아니야?"

　"그래, 아무리 나쁜 사람들이라고 해도 이웃 나라에서 저렇게 큰일이 생겼는데, 당연히 도와야죠!"

　그러나 워낙 강한 태풍과 해일이라서 까만 나라에 직접 간다는 것은 무리였다. 도와주려다 자칫하면 모두가 위험에 빠질 수 있기 때문이었다. 사총사는 일단 초록 나라 사람들을 진정시켰다.

　"여러분, 지금 그곳에 직접 가는 건 너무 위험한 일이에요. 일단 비가 그치기를 기다려 봐요."

　그 때였다. 또다시 뉴스 속보가 들려왔다.

　"여러분! 이번에는 산사태입니다. 건물들이 모두 흙더미에 깔렸습니다. 산에 나무가 없어 강한 비와 바람을 견디지 못하고 모두 무너져 내리고 있습니다. 이번 재해는 까만 나라 전체를 강타할 것으로 보입니다."

갈수록 태산이었다. 까만 나라가 물에 잠기고 있었다. 무분별한 에너지 낭비와 자연 파괴를 일삼아 온 까만 나라엔 어쩌면 이미 예견된 일이었다. 끊임없이 뿜어대는 이산화탄소로 인해 공기가 더워져 추운 지방의 얼음이 모두 녹아 버려 바닷물이 넘친 것이다. 또한 산에는 이처럼 큰 홍수로 인한 산사태를 막아 줄 나무들조차 없으니 사태가 더욱 심각한 것이다.

사총사는 잘못을 뉘우치지 않는 까만 나라 사람들을 보고 무슨 일이 생겨도 도와주지 않으리라 다짐했었다. 그러나 이렇게 그냥 보고만 있을 수는 없었다. 온샘이, 열로치, 빛수리, 파라미 네 명 모두 위험에 처한 까만 나라를 향해 누가 먼저랄 것도 없이 돌진하고 있었다.

까만 나라의 광경은 아주 처참했다. 도시 전체가 모두 바닷물에 잠겨 버렸고 강한 태풍의 영향으로 부서진 건물도 허다했다. 사람들은 물에 휩쓸려 마구 떠내려가고 있었다. 사람들뿐만이 아니었다. 동물들도 모두 물에 둥둥 떠다녔다. 까만 나라에 학교, 집, 가게는 이제 더 이상 존재하지 않았다. 지옥이 따로 없었다.

"집과 건물들은 이미 모두 물에 잠겨서 어쩔 수가 없어. 사람들만이라도 구하자."

파라미는 까만 나라 사람들을 구해 내기 시작했다. 여기저기서 비명 소리가 들려왔다.

"살려 주세요! 살려 주세요!"

"여기예요! 우리도 구해 줘요!"

"으아악……, 제발!"

파라미는 지나가는 바람을 모두 흡수해 몸집을 늘려가며 한 사람도 빠짐없이 등에 태웠다. 그 중에는 동물들을 잡아다가 발전소를 만들려 했던 악당도 있었고, 초록 나라에서 보낸 편지를 무시하며 전쟁을 준비하던 군인들도 섞여 있었다. 그리고 자연을 마음껏 사용해도 되는 도구로 알았던 까만 나라의 모든 사람들이 있었다. 이들 모두는 뒤늦게 가슴을 치며 후회를 했다.

"조금씩만 에너지를 아꼈더라면 태풍에 휩싸일 일도, 집을 잃을 일도 없었을 텐데."

"우리가 너무 어리석었어. 초록 나라 사람들의 충고도

무시하고 이기적인 행동만 계속한 거야."

"이제 우린 어디서 살아야 하지? 땅도 없고 집도 없는데."

파라미는 모든 사람들을 태우고 초록 나라로 갔다.

"초록 나라 사람들이 분명 우리를 내쫓겠지?"

"우리가 전쟁을 일으키려 했으니 그들도 분명 우리에게 복수하려 할 거야."

"우리는 갈 곳이 없는데……. 어쩌면 좋아. 흑흑."

그러나 이웃을 사랑하는 초록 나라는 오갈 데 없는 까만 나라 사람들에게 집과 먹을 것을 마련해 주었다. 까만 나라 사람들은 감동의 눈물을 흘렸다. 전쟁까지 일으키려고 했던 자신들을 용서하고 받아 주는 초록 나라 사람들이 너무 고마웠다.

"많이 힘들었죠?"

"까만 나라가 회복될 때까지 이곳에서 푹 쉬어요."

그리고 초록 나라는 다시 한 번 까만 나라 사람들에게 제안을 했다.

"우리, 오염 없는 신재생에너지를 이용해서 함께 평화롭게 살아 보지 않을래요?"

그 모습을 바라보는 에너지 사총사와 봄이의 얼굴에는 환한 미소가 피어났다.

신재생에너지가 되찾아 준 평화

"아아, 마이크 테스트."

교단 위에 올라선 석박사의 표정은 그 어느 때보다 상기된 모습이었다. 오늘은 사총사의 에너지 학교 졸업식이 있는 날. 온샘이와 빛수리는 우수한 성적으로 학업을 마쳤고, 파라미와 열로치도 이젠 장난스러움을 벗어던지고 의젓하고 성숙한 신재생에너지원으로서의 모습을 갖추었다.

"여러분, 모두 모였습니까?"

"네! 박사님."

"으흠! 오늘은 참으로 뜻 깊은 졸업식입니다. 그동안 우리는 자연 환경을 훼손하고 에너지를 낭비하는 악의 무리들과 싸워 왔습니다. 더불어 새로운 에너지를 개발하기 위해 밤낮으로 연구하고 또 연구했습니다. 그것은 오로지 지구를 위한 것이었습니다."

석박사는 목이 메는 듯 잠시 숨을 가다듬은 후, 할 말을 계속했다.

"지구에 살고 있는 모든 생명체는 존귀한 것입니다. 생명을 생명답게 지키는 첫 번째 방법은 자연을 보호하는 것입니다. 그 자연을 보호하는 첫 단계가 바로 청정한 신재생에너지를 만들어내는 것입니다. 우리는 그 생각 하나만으로 여기까지 왔습니다. 그러나 이것은 끝이 아니고 시작입니다. 에너지 학교를 졸업함과 동시에 여러분들은 더욱더 커다란 짐을 짊어지고 가야 합니다. 여러분은 이제 이 석박사의 품을 벗어나 하나의 완전한 신재생에너지원인 물, 불, 바람, 빛으로서의 역할을 해내야 합니다. 그런 여러분이 있어서 우리 지구의 미래는 밝습니다. 나 석박사는 여러분이 자랑스러워서, 또 감격스러워서……."

석박사의 눈에는 눈물이 그렁그렁 고여 있었다. 석박사의 수명은 여전히 얼마 남지 않았지만, 전 세계 사람들이 석탄과 석유 에너지를 더 이상 사용하지 않고 열심히 신재생에너지를 이용한다면 희망은 있었다. 이제 사총사는 지구의 에너지를 걱정하는 석박사의 마음을 누구보다 잘 이해하게 되었다.

"박사님, 저희가 박사님을 지켜 드릴게요."

"전 세계에 신재생에너지가 널리 퍼지도록 최선을 다 할게요!"

석박사는 사총사를 대견한 눈길로 바라보았다.

그 때였다.

뽀글 뽀글 뽁뽁뽁-. 뽀글 뽀글 뽀복- 뽁- 뽁-.

"온샘이의 머리에서 거품이 올라온다!"

"앗, 이것은 아기 곰이 보낸 신호야."

"또 나쁜 일이 생긴 건가? 걱정스러운데."
"일단 아기 곰의 집이 있는 북극으로 가 보자."

사총사는 금세 북극에 도착했다.
"아기 곰! 아기 곰!"
"어디에 있니? 빨리 나와 봐."
하지만 걱정하는 사총사와는 달리 친구들을 맞이하는 아기 곰의 표정은 매우 밝았다.
"안녕, 애들아. 오랜만이야."
열로치는 어리둥절해서 물었다.
"괜찮아? 무슨 일이야?"
빛수리 역시 아기 곰이 걱정되기는 마찬가지였다.
"또 엄마 곰을 잃어버린 거야? 응?"
그러나 아기 곰은 웃으며 대답했다.
"하하, 아니야. 아무 일도 없어. 너희들이 너무 보고 싶어 참을 수가 없었어."

"뭐라구?"

"우린 또 무슨 일이 생긴 줄 알고 얼마나 걱정했다고."

"아기 곰, 이제 장난꾸러기가 다 됐구나?"

"헤헤, 미안 미안. 졸업식은 잘 마친 거야? 난 북극 학교에 다시 다니고 있어. 엄마도 이젠 건강해지셨단다."

"정말 다행이다. 우리도 참 뿌듯해."

"또 북극의 얼음이 다시 얼면서 사라졌던 생물들이 다시 생겨나기 시작했어. 그래서 요즘 먹을 것이 많아져 행복한 고민에 빠졌지 뭐야."

"그러고 보니 정말……."

"예전 북극의 모습이 아닌걸?"

"그러게! 아기 곰과 처음 만났을 때만 해도 온통 바닷물뿐이었는데, 몇 년 사이에 이렇게 얼음이 다시 얼었다니 믿어지지 않아!"

사총사는 주변을 둘러보고 깜짝 놀랐다. 아기 곰과 엄마 곰이 사는 이곳은 어느새 북극다운 북극이 되어 있었다. 사람들이 석탄과 석유 에너지 사용을 줄이고 신재생

에너지를 이용한 결과, 대기 중의 이산화탄소가 점점 적어졌기 때문이다. 지구 온난화가 조금씩 나아지고 있다는 뜻이었다.

"아기 곰, 예전보다 훨씬 넓은 집이 생기니까 어때?"
"응, 이젠 이사를 다닐 필요가 없어졌어."
"엄마와 함께 마음껏 뛰놀 수 있어 참 좋겠다."

"이게 다 너희 신재생에너지 사총사와 봄이 덕분이야. 정말 고마워. 사실은 말야, 봄이에게 전해 줄 것이 있어서 너희를 부른 거야."

"응? 그게 뭔데?"

"그건 비밀이야. 하하. 봄이에게 제일 먼저 알리고 싶어."

"뭐라구?"

"하하하하."

사총사는 아기 곰을 데리고 초록 나라로 향했다. 초록 나라는 세계에서 가장 친환경적인 에너지를 사용하는 살기 좋은 나라가 되어 있었다. 집집마다 태양광을 모으는 창문이 설치되어 냉난방을 자유롭게 사용했고, 휘발유 대신 수소 연료 전지를 이용한 하이브리드 자동차가 거리를 누볐다. 바다의 파도로 전기를 만들어내기도 하고 바람을 이용한 풍력 발전과 땅속의 열을 이용해 지열 발전도 했다. 쓰레기를 줄이고 곳곳에 나무를 심어 거리는 푸른빛을 띠었다.

파라미의 등에서 초록 나라를 내려다보던 아기 곰은 감탄사를 쏟아냈다.

"이야, 초록 나라는 여전히 푸르구나!"

놀랍고 뿌듯한 것은 사총사도 마찬가지였다.

"이곳을 신재생에너지 천국이라고 불러도 되겠어!"

"우리가 도와주었던 것보다 더 많은 것들을 해낸 것 같아. 온갖 자연 에너지를 잘 활용하고 있어."

"더구나 자연을 망가뜨리고 에너지를 낭비하는 사람들은 한 명도 찾아볼 수가 없는걸?"

더 의미 있는 것은 이 모든 변화를 까만 나라 사람들과 함께 이루어냈다는 것이다. 까만 나라가 있던 자리에는 또 다른 초록 나라가 만들어졌다. 까만 나라는 에너지 절약과 자연 보존에 대한 커다란 교훈을 남긴 채 사라진 것이다.

"앗, 저기 봄이다!"

"어디 어디?"

"저기 봐, 초록 에너지 기술 연구소라고 쓰여 있는 건물 보이지? 그 마당에 말이야."

"어머, 봄이 많이 컸구나. 어서 불러 보자!"

"봄아! 안녕?"

"우리가 왔어!"

"어머, 얘들아! 여긴 어떻게 왔어?"

"봄아, 잘 지냈어? 지금 뭐 하고 있었니?"

"응, 요즘 수소로 가는 자동차를 연구하는 중이거든."

"아, 그래? 에너지 공부 열심히 하고 있구나."

"다 너희들 사총사 덕분이지. 그런데 여긴 어떻게 온 거야?"

"봄이 너에게 전해 줄 것이 있어서 왔어."

"그래? 그게 뭔데? 기대되는걸."

봄이가 웃으며 말했다.

아기 곰은 손에 꼭 쥐고 있던 것을 펼쳤다.

"봄이가 찾고 싶어하던 할아버지의 나침반이야."

"어머! 정말이야? 그걸 찾은 거야?"
봄이의 눈이 동그래졌다.
"북극 탐험대가 있었다는 곳 주변을 며칠 동안 뒤져서 찾아냈어."
"아기 곰, 정말 고마워."
봄이는 작은 두 손 위에 나침반을 받아들고 한참을 바라보았다.
"이 안에는 북극을 사랑하고 지구를 위하는 할아버지의 깊고 따뜻한 마음이 담겨 있어. 이 나침반을 잘 간직해서 다른 어린이들에게도 이 얘기를 들려줄 테야. 나와, 아기 곰과, 에너지 사총사, 그리고 할아버지의 사연을."
그런 봄이를 바라보며 사총사는 똑같은 생각을 했다. 봄이처럼 푸른 마음을 가진 사람들이 존재하는 한, 지구의 미래는 밝다는 것을. 바로 자연을 이용한 신재생에너지가 그 미래를 이끌어 주리라는 것을.

온샘이, 열로치, 파라미, 빛수리 그리고 봄이와 아기 곰까지 모두 모인 에너지 천국 초록 나라에서는 활기찬 웃음소리가 울려 퍼졌다.

한국에너지기술연구원
KOREA INSTITUTE OF ENERGY RESEARCH

1977년도에 설립된 한국에너지기술연구원은 정부출연연구기관으로 세계 최고 수준의 연구기관을 지향하고 있으며 '저탄소 녹색성장'을 선도하는 그린 에너지 기술개발 중심 연구기관입니다.

대전시 유성구 가정로 102번 한국에너지기술연구원 www.kier.re.kr

초록 나라에서 온 편지
석박사와 에너지 사총사

1판 1쇄	2008년 12월 24일
1판 3쇄	2010년 1월 25일

지 은 이	한국에너지기술연구원
펴 낸 이	김승욱
책임편집	김민영
디 자 인	김은희 이경란
마 케 팅	이숙재 우영희
펴 낸 곳	이콘출판(주)
출판등록	2003년 3월 12일 제406-2003-059호

주　　소	413-756 경기도 파주시 교하읍 문발리 파주출판도시 513-8
전자우편	book@econbook.com
전　　화	031-955-7979
팩　　스	031-955-8855

ISBN 978-89-90831-63-7 73530